U0098264

思想觀念的帶動者

文化現象的觀察者

本土經驗的整理者

生命故事的關懷者

Psychotherapy

探訪幽微的心靈，如同潛越曲折逶迤的河流
面對無法預期的彎道或風景，時而煙波浩渺，時而萬壑爭流
留下無數廓清、洗滌或抉擇的痕跡
只為尋獲真實自我的洞天福地

Psychoaerobics:
An Experiential Method to Empower Therapist
Excellence

助人者練心術
自我提升的 60 個增能練習

傑弗瑞・薩德 Jeffrey K. Zeig——著

洪偉凱——譯

目錄

給我女兒妮可·薩德（Nicole Zeig），

你照亮我的生命。

愛妳的，爸爸

有氧運動[1]有益健康：
在學習治療的過程享受自己

蔡東杰

華人艾瑞克森催眠治療學會理事長、高雄養全診所院長

　　第一次造訪艾瑞克森基金會，是在 2002 年為了參加「密集訓練」（Intensive Training），同學中有一半以上來自美國以外，而許多同學都是慕薩德博士之名而來，當然，我也是其中一個。在兩週課程中，薩德博士只為我們上了第二週的星期三，而這是我印象最深刻的一天。他要我們從「做催眠」演化到「成為催眠師」，從技術的層面進階到自我認同的境界。

　　薩德博士的課程非常活潑，少量的內容講解，加上艾瑞克森醫師教學示範影片的觀賞與討論。心理治療不再是書本枯燥難以理解的文字，而是活生生地呈現在眼前。課程最後，薩德博士帶我們做了一個神奇的練習：「成為最好的催眠師」。三人一組的練習，催眠師幫助個案進入催眠後，「教練」開始「干擾」催眠的進行，催眠師要將干擾融入催眠當中。對於初學催眠的同學們真是手忙腳亂，而練習的目的並非如何「適當地」回應干擾，而是協助催眠師發現他的「善用、順勢而為」（utilization）狀態。這個練習，完全

---

1 本書原文書名 *Psychoaerobics*，有心理的有氧運動之意。

顛覆了過去醫學與心理治療的學習，許多體驗都是在非口語與意識的層面。而這也是至今我最喜歡帶領同學們做的練習，我常常把它當作挑戰新的技巧前的熱身，幫助同學進入「最好的催眠師」狀態。（這個練習就是本書增能練習 36：順勢而為。）

在精神科醫師養成過程，我很認真地追尋在精神醫療的定位。心理治療一直是我喜愛的，也特別偏好「高效率」的治療模式。心理劇是我學習的一個治療模式，我喜歡透過行動與成員在內心深處接觸，而非冗長卻搔不到癢處的口語對話。催眠也是容易深入個案內心的治療模式，但相對靜態一些。而不論心理劇或催眠，想要得到理想的「療效」，精準地執行治療動作是很必要的。但在追求精準動作的過程，很可能陷入機械性的動作與療效的追求，而忽略了「人」才是治療的核心。艾瑞克森催眠的訓練非常重視治療師成為「人」的養成過程，艾瑞克森醫師一生不斷利用機會鍛鍊自己：如何更有效率地溝通，如何協助個案更能夠享受生命，以協助學生成為最好的治療師。而艾瑞克森醫師使用的是啟發式而非教條式的方法，薩德博士未曾得到艾瑞克森醫師對任何問題的直接答案，取而代之的是得到各式各樣的經驗，或許是一個又一個的故事，或許是不相干的作業或任務。他需要經歷這個過程，從中汲取適合自己的答案。這的確是不尋常的教學方式，甚至有可能強度過大而令人消受不了，幸好，艾瑞克森醫師總能夠以詼諧幽默的方式進行。

薩德博士常常說：「歡迎加入我的遊戲坊（Play Shop）！」

在一次的大師督導班（Master Class），我擔任傑夫（薩德博士）的個案，我為自己設定的個案目標是：「看得更清楚」。做催眠有一個重要的能力：感覺敏銳度（sensory acuity）。我天生的視

覺能力並不理想，治療時往往無法快速辨識個案是視覺型、聽覺型或身體感覺型的，我希望透過傑夫的幫忙提升我的視覺敏銳度。

傑夫問我：「如果你無法辨識個案是哪個類型的人，對你有什麼影響？」

我說：「我開始在腦海裡：『蔡東杰，你搞什麼！連這個都做不到，還好意思要教別人做催眠……』。」

傑夫問我：「接下來呢？」

「陷入自我責備，無法專心，最後就搞砸了治療。」

傑夫說了一個故事：

我有一個個案是大聯盟的投手，他來找我是因為牛棚練習的時候球都投的很犀利，但一上場就投的荒腔走板。我問他：「怎麼了？」他說，一上場就會想到這麼高的年薪，每投一球就是好幾千美金，一定要投好，否則明年可能就沒有這個價碼了。但一這麼想，球就完全失控。我告訴他：「你沒有仔細聽裁判的話！裁判說什麼？」

球賽開場裁判說：「PLAY BALL ！」

傑夫問我：「什麼狀況，你做治療最有把握？」

「我專心『聽』個案說的話，我可以很輕易地辨識個案話裡面的不一致，而藉由這些不一致，我可以為個案提供不同的觀點與體驗，這時候我做治療是最有把握、最有信心的。」

傑夫：「誰是你治療模仿的對象？」

「艾瑞克森醫師！」

傑夫：「好的，心裡想著艾瑞克森醫師，什麼樣的姿勢最能夠提醒你治療做的最好的樣子？」

我做了一個張開雙手歡迎的姿勢，傑夫站在我身邊，請同學幫我們照了一張相。

傑夫：「這張相片的標題是？」

享受做自己！

治療個案題樣更有彈性的狀態，為了能夠協助個案改變狀態，治療師需要更有彈性地改變自身的狀態。薩德博士的治療與教學總有源源不斷的創意。他的訓練從心理治療開始，但也發現傳統的治療對於協助個案有其限制。於是，他跟藝術學習——文學、詩詞、電影與戲劇。他也接受即興表演訓練，並將表演藝術的訓練方法引進治療師的訓練。本書集結了十個暖身練習與五十個增能練習，每個練習也都可以有許多不同的變化練習。這些練習的目的是協助治療師，建立治療師必備能力的不同狀態。讀者可以依據自己的需要，彈性地選擇練習，體驗更寬廣的狀態範圍。如同薩德博士說的，這比較像是一本手冊，提供了實用的練習。我們都知道，想要學騎腳踏車、學空手道、學一個樂器，都不能只是閱讀學習手冊，而是投入不同基本動作的練習，才能反射性地做出最適時的反應，真正享受箇中樂趣。

讓我們一起做有氧運動，有益身心健康！

治療與教學的雙重啟迪

趙家琛

臺北市立大學退休教授、臺灣心理治療學會監事

華人艾瑞克森催眠治療學會理事

能夠幫助我成長茁壯的，並不是那些頭腦上的理解。相反地……（是）創造體驗的切換——一種生生不息的狀態改變。

——傑佛瑞·薩德

　　1995 年在美國加州安納罕市舉辦的「心理治療的演化大會」（The Evolution of Psychotherapy conference）中，我參與了傑佛瑞·薩德博士的心理治療培訓工作坊。當時他帶領學員進行了本書中的幾個練習，提及他正致力於以經驗式方法進行心理治療培訓，透過各種練習來促進心理治療師的個人和專業發展，並計畫撰寫培訓手冊，頓時現場揚起一陣歡呼。2015 年，薩德博士終於完成了這本眾人殷殷期盼的心理治療培訓祕笈，2021 年，我們也盼到了譯本《助人者練心術：自我提升的 60 個增能練習》的出版。

　　本書是薩德博士將其師法米爾頓·艾瑞克森大師所體悟到的概念、狀態，以及本身累積多年心理治療教學實務，歷經無數培訓現場的實際操作後，發展出十個暖身練習和五十個增能練習，反覆修改淬鍊，集結成冊。本書英文原名 *Psychoaerobics*，饒富趣味，充分

反映出薩德博士善用文字與隱喻的功力，他把心理治療培訓現場類比為健身房，將心理治療所需的各種技能，分解對應人體各特定部位的肌肉群，有志學習心理治療者只要進入這個「健心坊」，跟隨薩德教練，透過一個又一個的練習，努力不懈，終能練就一身卓越治療師的功力，更能展現生生不息的狀態。

2000 年我在美國鳳凰城參加了薩德博士的催眠治療密集訓練，深刻體驗到他獨特的培訓方式，以及經驗式學習法的魅力，不僅為身為心理治療師的我增能，也為身為大學教師的我開啟心理治療教學的新視野。我開始思考心理治療的教學與培訓，如何能「從冰冷的教科書轉變成有溫度的學習藝術？」如何能從知識的傳授轉換為經驗的歷程？如何能像戲劇、音樂、舞蹈、藝術工作者的養成，有五感的參與、身體的投入、情感的湧動、狀態的變化？

無庸置疑地，薩德博士的《助人者練心術：自我提升的 60 個增能練習》可以為我們提供最好的教材與教學法。本手冊中的每項練習都包含了簡要說明、操作步驟、變化應用，以及深入討論等環節，每位學習心理治療者都可以透過體驗學習，為自己量身打造最適合自己的學習方式，正如心理治療中案主透過體驗產生改變，透過體驗學習心理治療，所產生的效果也是深刻且持久的，這就是有溫度、有感的心理治療藝術，也是學習心理治療的藝術！

因此，我很好奇，對所有的讀者，當你拿起這本書，跟隨薩德博士的指導進行練習時，我不知道，你會以怎麼樣的方式喚起內在的覺察；我也好奇，你可以有多少種不同的感官經驗，多強烈的身體反應，多豐富的學習，以及多麼理想的治療師狀態？

最後，讓我們互勉，一起來效法艾瑞克森和薩德兩位大師自我

訓練的精神與方法，可以每個月選擇一個主題，進行本手冊提供的練習，持續提升專業能力，促進個人成長，終至最適合自己的治療師狀態。

順勢而為，體驗無限：
談薩德老師的經驗式實踐

洪偉凱

艾瑞克森催眠學派第三代傳人、鳳凰城艾瑞克森基金會顧問

　　全世界沒有哪個心理治療學派的大師曾經用過這樣的系統化方式來教導治療師，薩德老師這本書是空前絕後的作品。心理治療的大師，像是佛洛伊德，流傳下來的是他的幾個案例，以及與他近身學習的弟子們，最有名的是榮格、阿德勒。佛洛伊德的弟子們把精神分析的理論和實務運用發揚光大。而精神分析的學習鍛鍊，需要很多年的治療師培訓。催眠之父，米爾頓·艾瑞克森，留下許多神奇案例，並且弟子們開枝落葉，遍滿各個專業領域，像是 NLP 大師羅伯特·迪爾茲（Robert Dilts）、當代催眠大師斯蒂芬·吉利根（Stephen Gilligan），以及薩德老師本人。即便如此，艾瑞克森也沒有留下讓世人可以照著學習的心法祕笈，只有幸運跟在艾瑞克森身邊的人有機會頓悟（他是因材施教的最佳範例）。許多不同心理學派都講究功夫，要跟在大師身邊下功夫貼身學習很多年，才會有所成就。從來沒有一個大師像傑弗瑞·薩德老師一般，將自己畢生絕學都記錄成冊，還按部就班地教導人們如何成為一個卓越的治療師。這本書是一個系統化培訓治療師成為卓越、甚至到大師等級的鍛鍊手冊。書中十個暖身練習，五十個增能練習，是我一輩子都需

要鑽研精進的武功祕笈。這本書的重點是，如何在你自己人生當中成為卓越超凡、笑傲人生的人。

治療藝術的實踐者

作為一個藝術家，有幾個部分很困難。首先，要有靈感，腦子裡面要有生生不息、源源不絕的靈感和創造力。薩德老師經常說，他的頭腦裡隨時有超過五十種的催眠技巧和或是心理治療方法，可以隨時取用。他經常讓自己處於一種巔峰的狀態裡，就如同他在這本書裡說的，「擁有最多種狀態，可以隨機應變、順勢而為的人，就會活出最自在快活的人生。」

第二，要能夠把靈感轉化成具體表達。藝術家如果內心澎湃，有無限的靈感和創造力，卻無法轉化成畫作、音樂或是文學表達，那也是沒有用處。J. K. 羅琳如果沒有把內心裡的創造力想法轉化成文字，那就不會有《哈利波特》如此風靡世界的作品了。李白如果在文思泉湧之後，沒有把文字記錄下來，就不會有膾炙人口、流傳千古的詩作「床前明月光／疑是地上霜／舉頭望明月／低頭思故鄉」了。我們很幸運地，在這個時代，薩德老師把他的生生不息創造力用文字記錄下來。不僅是記錄下來，也教導我們如何系統化按部就班成為他這樣的心理治療大師，這真是有大愛、慈悲心的作為。

第三，這一點非常重要，許多所謂的大師可能很會說大道理，但是自己卻不見得做得到所闡述的大道理。薩德老師是我見過最能夠身體力行自己所體悟智慧的大行者。在我多次與薩德老師近身學

習過程中，我常常看到他失敗，然後他會告訴我他在鍛鍊自己的哪個技巧，然後很快地，我在下次學習時，看他非常熟練地運用之前失敗的技巧。薩德老師會下很多功夫體驗自己教導技巧的原則心法，所以書中的大部分技巧，我都在不同的工作坊和治療、督導情境裡看薩德老師運用過。用自己的身體力行來教導智慧，是艾瑞克森學派的一個隱藏心法，薩德老師把這個原則發揮到淋漓盡致，也讓我有個效法的榜樣。譬如，我知道薩德老師上過很多即興戲劇課程，我在 2018 年也去上了演員培訓班，我才發現薩德老師說的實在太有道理了。心理治療師都應該學習演員培訓課程，會對自己的專業成長有很大幫助。我上了演員培訓班，發現自己的演講和表情能力，甚至作催眠、做治療的專業能力都大幅提升。

第四，不藏私，傾囊相授。學技巧，看似容易，但是更重要的是心法和體驗。技巧學得再好，無法運用，那也是英雄無用武之地。薩德老師的用心，我們可以在「薩德談經驗式治療」這個系列裡一窺究竟。他教技巧，教原則，也教心法以及運用的時機和手法。在這系列書裡，我們可以獲得完整的學習和體驗。跟在大師身邊學習多年，是因為心法必須用心體會，等待頓悟的時刻，但薩德老師幫助我們縮短這個時程，全部都傾囊相授，透過這些書籍，節省我們走很多冤枉路的時間。這是大慈悲心。他經常說，他希望我們學生可以青出於藍、更勝於藍。如果我們卓越非凡，他會跟我說，「偉凱，我看到你做的治療卓越非凡，但是你可以做……，讓自己成為出神入化。」短短一句話，代表他對我的肯定、期許、激勵、啟發和愛惜。這就是他厲害的地方。

承認失敗也能帶來療效

　　一個大師能夠承認自己失敗、做不到，這是最難的。儘管薩德老師心中有許多種治療方法可以運用，有時候我也會看到他承認自己的失敗，而這種時候通常是他最厲害的時候。一個世界級大師可以在眾人面前承認自己的無能和失敗，這需要絕大的勇氣。

　　有次在工作坊裡，一位催眠師學員上台做薩德老師的示範，他說想要增進自己的催眠能力，這學員看起來很有自信（我感覺是來踢館的，同時也趕快搬板凳，坐等看我老師如何處理這樣的個案）。薩德老師二話不說，就請那學員把他的催眠運用在薩德身上，薩德當個案，讓學員催眠他（直接進入體驗的狀態）。只見那個學員突然有點慌了（其實看得出來是故作鎮定，他心裡應該慌到一個不行），學員還是硬著頭皮幫薩德老師作催眠，用學員所知道的、強硬的下指令方式作催眠，催眠台詞背得很熟。薩德老師好像很享受這被催眠的過程（一種全然接納的狀態），還在催眠狀態裡指導學員如何做更好（順勢而為的狀態）。學員七零八落地做完催眠，回到舞台上自己的椅子上，一坐下來，整個身體不自覺地抖，手抖、腳抖、聲音抖、全身都在抖，連學員自己都不知道發生什麼事（學員的無意識開始運作了）。我們所有人都看在眼裡，這是一種催眠現象，無意識全然甦醒，不受頭腦控制。薩德老師就大發慈悲（慈悲心的狀態），試著幫這學員減緩他的身體顫抖，嘗試了很多方法，花了很多時間，都沒有效果（誘發許多線索細節，只等學員自己串聯起來）。薩德最終用一種最真誠的態度說，「我承認我失敗了，我做不到，我不知道你如何可以讓自己放鬆下來，我不

知道你如何讓身體回復正常，我失敗了（失敗／無能的狀態）」。有趣的是，當薩德老師運用自己的失敗和缺陷，大方地承認自己失敗，這個學員身體就不抖了。就好像學員的無意識完全把薩德老師的話聽進去了，用學員自己的方式停止抖動（學員的無意識串聯所有線索，無意識用自己的方式停止顫抖）。學員自己感到很驚訝，他教導催眠也很長一段時間了，從來沒見過自己這樣的無意識（治療師在自己身上下功夫，承認自己的無能，這才是王道），以及身體能夠說停就停（頭腦有限，無意識無限）。

我在心裡趕快記下筆記——原來承認自己的失敗和無能，也是一種高深的催眠心法，可以喚醒個案的無意識運作，讓個案自己找到療癒的最有效方法。我受教了。再次看到所謂的催眠治療最高境界，順勢而為。一個世界級大師在一百多人面前承認自己的缺陷和無能，運用自己的無能來做治療，我還真是第一次看到。書中所提的練習，有些就是運用自己的缺陷來做治療，是異曲同工之妙。短短不到一小時過程裡，看到薩德老師運用自身不同的狀態，切換自如，同時也誘發學員的不同狀態，體驗到一種獨一無二的催眠經驗。這是我喜歡上薩德老師課時坐在第一排的原因，不是要讓老師看到我（他知道我眼神經常鎖定他），而是要跟著深刻感受、同頻共振老師的催眠大藝術家狀態（看好戲一定要坐前面）。

順勢而為，體驗無限

艾瑞克森學派有三個最重要原則：順勢而為、成為經驗式的，以及無限可能性。這本書本身就證明心理治療師的培訓有無限可能

性，薩德老師只是列出六十種方法拋磚引玉，讓我們除了學習卓越的能力之外，還能開發更多的可能性。

　　人類的成長和演化不斷加速，心理治療學派的潮流每隔十幾年就會改變，近年來更是頻繁。一個學派若要屹立不搖，與時俱進，順勢而為是關鍵要素。艾瑞克森催眠治療學派之所以在這麼多年之後仍然生生不息蓬勃發展，為人帶來深刻療癒，就是因為順勢而為——順應時代的勢，也順應個人的勢。艾瑞克森曾用一句話總結他的治療，「心理治療不是把理論套到個人身上，而是為個人量身打造最適合的療癒。」艾瑞克森學派因為順勢而為而走在時代的尖端，將治療師個人的成長提升到最高境界，也因此造就各有專精的療癒大師、催眠大師。

　　順勢而為也需要有強大的敏銳度才能做到。薩德老師在書中強調的敏銳度，讓我們學習成為福爾摩斯、成為 007 詹姆士‧龐德一般的敏銳，這樣才能順勢而為——知道「勢」在哪裡，「勢」是什麼，如何運用」勢」，四兩撥千金的道理。

　　而提到「經驗式」這個原則，我們可以在書中看到，每個練習都是經驗式的，讀完書必須要親身體驗這些練習，才會刻印到身體記憶裡，成為自然而然地卓越非凡。幸運的是，薩德老師雖然已經大量減少世界各國的開課（他想要留更多時間給自己，享受人生），他還會每年到中國作治療師培訓（與中國淵源深厚），有興趣體驗大師教導的人，一定要把握原汁原味的學習機會，薩德老師今年已經七十二歲了，他也是會老的，不會永遠年輕（雖然我私心希望他活到一百多歲，繼續教導）。

　　在這本書的帶領之下，期待你我都能卓越非凡，享受最精彩的

人生。這本書不僅是給專業治療師看，也是給任何有心想要在人生旅途上更上一層樓的人。如果你想要活出無與倫比的暢快人生，此書絕不可錯過。

經驗式學習的世界

　　在我念大學及研究所的時期，學校要求我收集且研讀數不盡的專業知識。大多數教科書內容我記不得了。我記得一些概念——一些成為臨床心理學博士所必備的基礎概念，這些概念包括同理心、移情作用、治療合作關係以及依附理論。透過我自身經驗，這些概念深深刻印在我腦海裡。但是，學校裡的老師並不看重經驗和體驗，他們更看重事實和知識。我回顧過去的學校學習，不禁思考，如果生活的經驗成為學校教導的重心和基石的話，那學習過程將會變得多麼豐富有趣。

　　我記得有一堂課，教授強調體驗學習。教授介紹我們一份心理治療師的論文研究報告，內容是關於人們為什麼想要成為心理治療師：因為治療師可以行使權力，可以愛，可以成為一個烈士，成為一個偷窺狂，或是成為一個聖人。論文作者指出，所有列出的理由意味著治療師都有被壓抑的病態心理。但是我們的教授不這麼認為，他的意圖是經驗式／體驗式（experiential）的，而不是照本宣科的。每個星期，同學們要角色扮演，演出我們想當治療師的理由，並且誇張角色個性。這個練習是我第一次參與經驗式培訓方法，並體驗到他們對個人成長的幫助。這磨練出我對經驗式學習的愛好。

我深刻記得我們一個同學，珍，她太過投入演出偷窺狂，她經常要換「個案學生」，留不住她的「個案學生」，因為我們都無法忍受她的偷窺傾向。然而，透過這個誇張的演示過程，珍獲得一個難得機會，對自己有深刻體悟。她的頓悟是顯而易見的。有時候，當誇張地演出角色的時候，那個學生的行為會突然翻轉。約翰，另一個學生，他想當治療師的理由是為了愛，然而在練習過程中他突然變得充滿敵意。教授安排的練習是用來提升經驗式的學習——體驗到我們內心想成為治療師的渴望是什麼，而這些動機是有幫助的還是有害處的。現在，數十年過去，我對當初那個練習仍然歷歷在目。

　　好的。我們回到當下。我花了超過四十年的時間在心理治療和心理教育的最前線奮鬥，我對於經驗體現這個最高指導原則的概念依然保持熱忱。我邀請你與我一同踏上旅程，探索經驗式／體驗式方法。

　　首先，當你在治療個案時，花些時間畫下你的量身訂做目標。你的計劃是依據研究所的教育而得來嗎？是傳授知識給別人嗎？是教導理論嗎？還是無窮盡的詮釋？你的個案需要的是知識、理論、詮釋，還是生生不息的體驗？

　　那你跟家人、朋友、同事溝通時又是怎麼樣呢？他們有從知識、理論和詮釋裡獲益良多嗎？溝通這三種東西是簡單明瞭，直接明確；同時出現的是誘發概念體驗的另一世界。當概念需要被真切體驗，那個溝通的最佳康莊大道是哪一條？

　　讓我們研究一下概念的世界。我們如何定義一個概念？什麼是事實？事實是由客觀的數據組成；他們是具體的單一實相。你正

在閱讀這些文字，這是一個事實。理解它們，這是一個概念。概念是抽象的，一個想法由許多不同特質建構組合而成。事實是客觀的單位；他們存在於「左大腦」，是意識的部分。概念存在於主觀的宇宙中；他們是一種便利建構，一種相輔相成的元素混合。概念是元素群組，就像纖維肌痛綜合症（fibromyalgia）或是梅尼爾病（Meniere's），它們有許多症狀，而不是一種具體疾病。概念是模糊、無定形的，帶有啟發潛力的通用特質，就像是簡化假設，或是統整原則。

我們知道一個事實，我們「直覺體驗」到一個概念。在馬丁‧布伯（Martin Buber，哲學家、翻譯家）的說法裡，事實是我與它（I-It）。概念是我與你（I-Thou）。透過強化事件，我們體驗到概念。概念會用一般性的說法描述；他們是「右大腦」，帶有朦朧美感。開放性、自覺性、外向性、一致性和精神性，這些都是概念。希望、堅強、保護、自我覺察，這些也是概念。冷漠、懶惰、沒安全感、自卑，這些也是概念。有些概念是好的，有些概念是壞的。治療師的工作是增強正向概念，修正沒用的、負面的概念。治療師也需要一些方法，幫助個案體驗好的、積極的、正向的概念。

有一個事實世界，也有一個概念世界。有一個時間與空間的現實世界，也有一個個人體驗、經驗的主觀世界。科學是用來解釋和組織事實；藝術是用來探索、活化概念。事實改變我們計算事物的方式，將評估的需求降到最低。概念的體現改變我們經驗事物的感受。事實闡明客觀表徵，與外在世界有關；經驗感受是全然主觀，與內心世界有關。事實傳遞訊息；藝術產生深刻體驗。化驗畫作上的顏料成分組成，畫作就被貶低到科學的範圍。藝術就是要站在畢

卡索的畫作前，經驗一個屏息呼吸、嘆為觀止的驚艷時刻。邀請你去感受一個驚奇時刻，這是藝術的範疇；解釋那個驚奇，這是科學的任務。藝術總是帶有朦朧美感，這對於誘發、刺激產生我們想要的效果是必要的。藝術是喚醒感受，而不是告知事實。如果藝術僅僅是告知訊息，那個經驗式的感受效果就大打折扣了。

相似地，心理治療也是一種朦朧美感情境，我們引導個案形成概念和體驗，讓他們發現「生活原來可以不一樣」。諮商室就是概念的戲院空間，心理治療是一種喚醒深刻體驗感受的應用藝術，在許多方面都不同於科學。

科學可以被看成是一層層進展的。最底層是物理。在物理的上面是化學，然後是生物學。然後上面是社會科學。相似地，概念的體現也有一層層架構。概念是由彼此互相鏈接的元素所組合建構來的，當中包括了想法、感覺、回憶、感情、感受、行動、態度、社會情境、習慣和關係模式。就像我們要讓水凝固成冰，需要灌注入能量使溫度保持在零度以下，概念是透過參考經驗、獨特的體驗情感衝擊、經驗轉換，而結晶焠鍊出來的。這些轉換是在一個重要關係、強化情境裡，透過嚴格考驗、鍛鍊磨練而聚合發生。概念是「狀態」（states）的基石，而「狀態」結晶萃取後成為身分認同。「我知道道德良心標準」，這是一個事實。「我可以成為有良心、有道德的」，這是一個概念。「我擁有良心、道德」，這是一個「狀態」。「我是個有良心、有道德的人」，這是一個身分認同。還有一些額外的切換點我們可以運用，像是，「我將會成為有良心的人」，這是一個承諾。「我想要成為有良心的人」，這是一個動機。

這本書裡有四個核心主張。第一，概念、「狀態」和身分認同，必須透過經驗而被消化吸收；他們必須被真實感受到。第二，治療師是可以持續獲得「狀態」的提升，促進專業能力。第三，「治療師的狀態」會影響滋養個案，使之產生「好的狀態」。第四，治療師所處的狀態是一個孕育獨一無二的治療方式的領土。

　　米爾頓・艾瑞克森（Milton Erickson, 1901-1980）是我的精神導師，他是善於誘發「狀態」的催眠治療大師。在人際互動情境裡，艾瑞克森醫師透過體驗來溝通概念，而不去談論事實。事實可以從書本上學習；而「狀態」必須透過親身體驗誘發出來。責任感、創造力、投入參與、連結或是臨在，這些東西無法在照本宣科的教導中習得。當你體驗到一個笑話，你就會產生幽默感；這是無法從說教式的指導裡獲得的結果。

　　動力是一種「狀態」。它是透過經驗式／體驗式的方法刺激、啟動、運作的。透過重大感動人心時刻的催化，進而產生經驗轉換。我們無法用計算、演算的方法教導一個人如何產生動力，因為動力是一種朦朧的「狀態」。只有在結果是一種具體的事實時，計算、演算才派得上用場。誘發動力的溝通策略是一種藝術，而不是科學。

　　溝通可以是傳遞訊息或傳達概念。事實和概念是彼此互不相關的個體，各自從不同的管道取得：有個通道是事實的教育，另一個通道是誘發概念和伴隨而來的「狀態」。

　　概念溝通是我們人類社交／心理進化的優良傳統的一部分。遠古原始人類所用的原始語言是概念化的，而不是事實。脊椎動物和無脊椎動物也是用概念來溝通。概念觸碰到大腦的某個地方，這是

關於原始生物早期發展之處；概念觸及大腦的原始層面，我們假設
所有不好的心理模式都存在那裡。惱人的問題儲存在大腦的邊緣共
振區域，即情感／社交中心。如果問題是儲存在前額皮質，即邏輯
理性中心，問題就很容易解決了──一個操作使用手冊就足夠了。
然而情況並非如此，我們必須讓概念溝通生龍活虎般呈現，因此好
的「狀態」和身分認同才能被感受到。我們是依據我們的生活經驗
來雕塑大腦的。

歡迎來到概念溝通以及經驗式學習的世界。

傑弗瑞・薩德（Jeffrey K. Zeig, Ph.D.）

提醒：

- 這本書是由四個部分組成：基礎觀點、暖身練習、增能練習、總結。基礎觀點總共有六個入門章節，寫在兩個經驗式練習段落之前。這些章節提供認知心智的基礎結構，在做實際練習時，可以幫助我們有更深體悟。暖身練習和增能練習是用來激勵一個錯綜複雜的心理治療溝通——賦予概念和「狀態」生命力，可以產生一個永續生生不息的改變。

- 閱讀《催眠引導》（*Hypnotic Induction*, Zeig, 2014）一書做為先導書籍會有幫助，但不一定要按照這順序才行。本書原先設計是一系列經驗式心理治療藝術書籍當中的第四部曲，第一本是「催眠引導」。第二本和第三本會討論進階催眠引導以及短期心理治療。

- 我會將練習的影片上傳到網絡上。請參見 www.psychoaerobics.org 獲得更多訊息和鏈接。

- 給讀者們：你們可以寫電子郵件給我，提供更多練習的建議。

- 給老師們：這些練習帶來喚醒式經驗——請確保在一個安全環境裡進行。

- 給研究人員：歡迎驗證書中任何的概念和理論。

第一章

經驗式增能培訓系統簡介

如果文字要進入人心並結實累累,那就必須精雕細琢字句言語,巧妙穿越防衛機制,在心靈深處寧靜且有效地炸開。

——飛利浦(J. B. Phillips,1906-1982,作家兼牧師)

人們**知道**的和**感受到**的,人們理解的和體驗到的,都是各自孤立的島嶼。儘管彼此間的峽灣應該很容易跨越,事實上卻不總是如此。我們知道要維持良好人際關係,我們知道要建立好習慣,我們知道我們可以改變心情,但我們真的做到我們所知的一切嗎?我們必須「獲得」這些概念,然後建立伴隨而來的「狀態」(states)。伏爾泰(Voltaire)曾經說過,人心裡有個智慧是頭腦無法理解的,要在頭腦和心之間搭建一座橋梁是個很大挑戰。

心理治療的心靈淨土在何方?治療師如何幫助個案發現它?治療師希望個案體驗到他們所知道的。當代心理治療是奠基在心理教育上。有時候心理教育是條漫長的道路。有時候它是一條錯誤的道路。體驗必須透過個案實際感受,更多是一種「狀態」的切換,而不是頭腦認知上的瞭解。

簡單地說:人生裡所活出的經驗,是介於知識國度與體驗國度中間的橋梁。要創造「狀態」的改變,並不是從「書本知識」所

學，是透過你所活出的經驗。

在許多專業領域上，教條式教育很重要，特別是在科學與數學領域。但有些事情必須透過經驗學習。快樂是其中一項，因為快樂是一種情緒。類似地，受到激勵、懂得覺察、感受成功，或是堅持信念，這些東西必須透過體驗被感受到，因為它們是概念與「狀態」。情緒、概念和「狀態」，可以透過經驗的切換被感受到；他們無法用學數學的方式被教導。人們無法強背快樂的方程式。

情緒／情感（emotions）、心情（moods），和「狀態」，三者都不一樣。情緒是瞬間即逝、發自內心、隨時隨情境調整的經驗。他們是基於生物演化歷史的軌跡自然發生。魚類、爬蟲類、鳥類和哺乳類動物都會體驗到情緒。情緒調節激發和反應，內在和外在都有，其功能是提升適應能力。情緒是社交磁鐵，會自然地與外界相吸或是排斥。情緒造成動物之間靠近或是遠離。生物的演化設計裡，就連單細胞生物都會有靠近或是遠離的行為。他們是情緒反應的前兆訊息。或許在動植物的演化過程裡，植物的向光性是一種更明顯的趨向反應。

心情可以看成是硬化的情緒。一個人可以困在生氣的心情裡，或被興奮的心情擄獲。心情可以持續較長的時間，但是對於個人的成長和發展不見得有幫助。

「狀態」是不一樣的東西。心理學家不會把鬥志、臨在、開放、覺察、信念、冥想、責任這些東西分類成情緒或心情。許多人類經驗最好是歸類成「狀態」。我一開始把「狀態」用引號標示出來。因為它們很難定義，狀態是由許多不同東西組成，包括了情緒、心情、關係模式、生理反應、心理習慣以及情境因素

等等。（關於更多狀態的介紹，請參見《催眠引導》一書〔Zeig, 2014〕）。

為了啟發性目的，我對於狀態的定義和探索總是保持開放態度。比較模糊定義的狀態可以幫助學生實際體驗目標狀態，這是這本書的中心思想。但是太寬鬆是要付出代價的。我犧牲精準來換取有效。對心理治療而言，有效才是最重要的。在某些情況——特別是情感關係裡——有效的溝通和維持關係永遠勝過爭論輸贏對錯。

人們會尋求幫助是因為他們困在僵化的狀態裡，感覺無法獲得資源來產生一個良好有效狀態。受限的狀態，例如感覺自己是受害者，是可以被一種賦予能量而具生產活力的狀態所取代。畢竟一個清楚明白的道理是，任何人只要擁有最寬廣、最多樣性的狀態，就很有可能在任何情境裡活出最精彩的人生。如果擁有最寬廣的狀態選擇，一個人就會找到最適合的有效狀態來因應挑戰和問題。這個道理適用在治療師和個案身上，父母親和小孩子身上，以及公司主管和員工身上。

再次強調，狀態（情緒、心情和身分認同也是）無法透過教條式方法來教導。如果一個人缺乏動力做事情，你指出這一點，並不會激勵對方去行動。動力（以及其他狀態）必須從內在被誘發。

經驗式／體驗式溝通是屬於藝術的範圍。舉例來說，電影即是一種「表演，而不說明」的媒體。電影、小說、詩歌、繪畫、戲劇、舞蹈、音樂、時尚流行、室內設計以及建築，都是一種獨一無二的藝術，會誘發心情、感覺、概念和狀態的改變。因此，我們如何教導藝術？藝術無法用教條式方法教導；切換到一種狀態可以創造藝術、成為藝術家，這個部分需要透過親身體驗才能完成。

藝術家運用概念化溝通，為了朦朧之美而犧牲掉清晰的訊息。藝術是很主觀的，每個人詮釋不同，是一種現象，是一種互動。普世的藝術家所用的方法都是誘發感受，而不是告知訊息。藝術的創作是透過一種喚醒式的刺激帶來經驗上的轉換。科學，在另一方面，是客觀的。科學與現象學是相反的兩極，現象學是研究人的親身經驗。

藝術和科學是互補的。海森堡（Heisenberg）的不確定原理提到，如果你知道一顆粒子的動能訊息，你就失去了粒子所在位置的訊息。訊息清晰和情緒感受是互補的。科學致力於找到清楚明白的知識；藝術致力於感受情緒和體驗。

藝術是情感、概念和狀態的探索；所有藝術都是圍繞在情緒感受的周遭。藝術是人類必需品，因為它鍛鍊情緒、概念、狀態和身分認同，藝術可以在這些東西上千變萬化。如果治療師認為誘發有助益的情緒、概念和狀態很重要，他們便應該以藝術為榜樣，因為藝術能刺激獨特體驗的產生。

電影是一種最複雜的藝術，全世界都很看重電影藝術。看電影的人並不會真的想要被恐龍追趕或是冒生命危險涉入一場飛車追逐，但是看電影的觀眾能體驗一種自由的幻想世界，肯定是很享受的。我最近的一個研究計畫，是關於電影製作的結構，我想要瞭解電影如何誘發觀眾的情感體驗。我現在教導治療師們（以及其他人）如何運用這些技巧來刺激狀態和情緒的產生。

情緒是一種社交貨幣。我們會彼此交換情緒。我們儲存情緒。我們也會對情緒做投資。我們在這世界上透過情感而有連結。要產生情感共鳴，藝術家會塑造情緒，一如音樂家塑造時間流動和律師

塑造公平正義。一個心理治療師會塑造概念感受。治療師運用情緒體驗點燃人們心中的熱情，推動更好的改變和蛻變。治療就是讓個案體驗到自己可以改變、創造新生命。

我們最好把人類溝通看成是藝術，不是科學，特別當我們想要讓對方產生情感共鳴時。身為治療師，我為了發展專業能力而孜孜不倦地提升溝通的藝術，想盡辦法喚醒人們的內在潛能。我不僅鑽研藝術，我也鑽研心理治療大師們的治療方法，他們都是喚醒人們情感共鳴的藝術大師。

在我超過四十年的治療師職業生涯裡，我有至高的榮幸與二十世紀後半段，以及二十一世紀前半段的世界級治療大師們近身學習、互動，這些大師們將心理治療提升到一個更高境界。然而，作為溝通藝術大師，這些大師們在我的老師，備受世人尊崇的精神科醫師米爾頓‧艾瑞克森面前，都黯然失色。如果我說他是全世界最厲害、最偉大的心理治療溝通大師，那一點也不為過。他有著傳奇般的能力，令人津津樂道，幫助個案和學生們進入一種最佳狀態，使他們成為最棒的自己。他有著出神入化的概念溝通能力，在治療室裡幾乎不講教條理論。就連他的教導方式也是概念化的，是為了激發人們內心最深潛力而設計的。

例如，我聆聽他在一九五〇年代和六〇年代的演講錄音帶，當時他的聽眾都是醫師。這些演講聽起來就像是一個很漫長的催眠引導。當我問艾瑞克森這件事時，他解釋給我聽，「我不是教導教科書內容，我教導的是點化、頓悟、激勵。」我當時聽得目瞪口呆，花了好長時間才理解他給我的回答。我從來沒有遇過哪個老師是教導點化和頓悟。我以前的老師都是教導理論、教科書內容，艾瑞克

森則偏好多變形式更勝過於刻板內容。當我們要喚起人們內心情感共鳴，多變形式總是勝過單一形式。艾瑞克森的目的是什麼？當他在提供治療時，當他在做催眠時，當他在教導時，他的目的是幫助人們體驗、感受概念和狀態。

1973 年，我成為艾瑞克森的學生，接下來五年，我經常飛到鳳凰城跟隨他學習。1978 年，我搬到鳳凰城去住，就近跟他學習。從 1977 年開始，我開始教導艾瑞克森學派的治療方法。我在全世界超過四十個國家教導艾瑞克森學派心法。我最主要是教導心理治療師們，但我也經常教導其他專業人士，包括律師、牙醫以及生命教練（life coaches）。我也會舉辦公開演講，教導一般社會大眾。我一開始的教導風格是教條式的。我會解釋心理治療理論和治療方法。逐漸地，我的教導風格更傾向於艾瑞克森的風格。隨著我專業能力越來越精進，我的教導變成全然是經驗式的——非常類似於艾瑞克森本人的教導。

艾瑞克森醫師是我所見過最善於激發人們潛力的老師。他很少講述教條理論，因為他覺得這些都可以從書本上學習得到。他順勢而為地使用催眠、說故事、說隱喻、給任務、玩遊戲、開玩笑、朗誦詩詞和文學，來激發人們深刻的體驗。遵循艾瑞克森優良傳統，我總是尋找著可以幫助我和我的學生更好地產生類似艾瑞克森教導效果的方法。我發現藝術帶來最好的學習效果。我最早期的藝術學習是從即興戲劇而來的。

我的妹妹，珊蒂．薩德（Sande Zeig）是一名藝術家，她擅長電影製作、導演、劇本寫作和表演。許多年以前，我跟她聊天聊到，我覺得做心理治療跟即興戲劇的藝術很相近，比較不像科

學——我告訴她，我想知道演員如何學習即興戲劇。她建議我「去報名一堂表演課」。因為我是一個會照忠告走的行動派領袖，我立刻報名了三堂連續的即興戲劇訓練課程。我在這些即興戲劇課程上受到震撼和衝擊，這造就我發展出本書的經驗式增能培訓系統。

這個增能培訓練習是一種經驗式的教學系統，幫助治療師透過系統化、經驗式學習**成為**更好的治療師。我的設想是，學習策略性地發展積極正向狀態的治療師（以及一般人），都會是更有效率，且在他們本身治療學派上展現最佳獨特風格的人。經驗式增能練習方法也可以修改、套用在心理治療以及督導培訓上。當我們將目標放在幫助溝通的對方改變狀態和感受時，這個培訓練習可以套用在任何專業領域，以及任何生活實踐者身上。本書的治療師增能練習同時也是一種仿效大師的方法。

仿效大師是一種提升卓越的方法，可以透過五步驟達到。第一步，找到一個在他擅長領域專精的大師。第二步，近身與他學習。第三步，將大師的狀態和概念分解成一系列容易學習的小元素。第四步，決定哪些元素符合你個人需求。第五步，練習這些元素，直到你將自己提升到卓越境界。

書中所寫的練習，是為心理治療師精心設計的。許多練習方法是用來訓練演員的。當我開始鑽研即興演出，我尋找與即興演出戲劇有關的書籍。斐歐拉・史堡林（Viola Spolin）以及凱斯・喬斯通（Keith Johnstone）這兩人的書籍對於即興戲劇是至關重要。

在即興戲劇的培訓裡，演員在學習更複雜的表演練習之前會有些暖身練習。在經驗式增能培訓系統中，我也準備了暖身練習（第二部），讓人能效仿優秀治療師的卓越天賦本能。治療師增能練習

（第三部）則是仿效米爾頓·艾瑞克森的卓越能力以及他最常使用的狀態。

經驗式過程可以激發深刻體驗和狀態，幫助治療師成為一個更好的治療者。激發深刻體驗和狀態，更進一步，可以提升個人成長與發展，不論在任何專業領域都有用。本書中的培訓系統是奠基於完整架構的經驗式練習，系統化地圍繞組織在具體概念領域周圍。我們強調個人獨特體驗的經驗式方法；這些練習的目的**不是**要教導具體技巧或特定能力，但是過程中你一定會學到很多技巧方法。

具體的專業培訓可以在治療室之外發生，可以運用在心理治療上，也可以運用在個人生活裡。它們可以輕易地從一種工作記憶模式切換到身體自動記憶模式。讀者個人的喜好會決定他自己最終學會什麼。所以，選擇一個你最有興趣的領域去發展。本書中的練習不用從頭到尾按部就班一個一個做，可以隨機取用，這樣才是最有效的學習方法。

書中有許多與催眠有關的練習，這是我所擅長的領域，但你不必然得學過催眠。鑽研催眠對於我作為一個治療師有極大的幫助。儘管我偶爾會使用正統催眠做治療，但我大部分時間會運用催眠的原理和概念去激發一個蛻變的療癒時刻。研究催眠會幫助治療師強化他們的訊息——提升治療到藝術的境界。催眠會讓一個訊息更加美好，令人感到愉悅，並且更加有效療癒。催眠教導治療師擁有一種改變狀態的高深技巧。因此，我會推薦所有的治療師學習催眠，就算他們並不常將催眠運用在治療主軸上。

書中所寫的練習，是設計用來在團體中使用的，但是很多練習可以調整作為個人練習用。本書的培訓系統可以用在治療師培訓項

目裡，也可以用在臨床督導上。這個系統本身就是一種經驗式培訓的隱喻。如果我們的目的是激發深刻情感和狀態，這些練習可以根據各種專業領域之需做調整，也會對人際互動有幫助。

當我們的目標是喚醒情感共鳴，當我們的目標是促進深刻感受，當我們的目標是改變個人狀態，經驗式方法就至關重要。很多時候，最好的處方箋就是提供一個經驗（而不是提供藥物）。

這本書是關乎如何提升個人能力，達到超凡卓越境界。我預期這本書的讀者都已經相當優秀。然而，我聚焦在運用經驗式方法將既有的優勢拓展，達到精湛的境界。透過激發深刻體驗，精湛的境界油然而生。這本書的菁華元素在於深刻體驗，而非知識理論。

【第一部分】

基礎觀點

我們透過生活經驗學習成長，沒有人教導我們任何事物。

——斐歐拉・史堡林

《即興戲劇》（*Improvisation for the Theater*）

經驗式增能培訓練習：
治療師專業能力發展的心法

　　不同於大部分心理治療專業書籍，這本書不是在講理論、研究或是心理治療方法。事實上，這根本不是一本書。這是一本練習手冊，用來開發治療師的全新能力，可用在自己和個案身上。

　　經驗式增能培訓是一種創新方法，教導個人發展自我狀態。這是一個系統，用來鍛練個人的卓越能力，不論是專業領域或是非專業領域。改變的關鍵是透過經驗感受來強化進步。

　　儘管這個手冊裡的主要練習方法是受到艾瑞克森的啟發，這個模式可以套用在其他領域的專業精進上，像是音樂、運動和教育。這個模式也可以用來增進親子教育的效果。根本概念很簡單：過去我們透過教條式方法教導事實；現在我們透過經驗式方法傳遞概念。

　　這個手冊裡總共有六十個經驗式練習（以及許多的變化模式），聚焦在治療師本身的潛力發展上。心理治療師可以運用這本手冊而成為更有效的溝通者。許多練習可以做些調整，用來幫助個案創造強烈的蛻變經驗以及產生神奇療效。這些練習也可以用在經驗式的治療師督導過程中。律師、生命教練、老師以及其他專業人士可以調整這些練習，激發人們的潛能達至顛峰。一般人可以運用

這些練習來提升個人潛力和擴充個人技能,在生活以及生命上做一個成功者。這些練習的目的是提升人際互動的溝通能力,不論溝通的目標是在概念層面上或是情感層面上。

溝通是一種技巧,可以透過教條式方法學習,但是根本上,我們是在兒童時期透過自身經驗學習如何溝通。在研究所的學習裡,本身就是一種高度複雜的溝通模式的心理治療,是透過教條式的方法進行各家治療學派理論、技巧、規則以及許多論文研究的教學。心理治療的學生們成為治療技巧工作者,他們死背硬記治療過程,包括如何做系統性的去敏感化技巧,如何提供適切的詮釋,如何做動眼減敏及重新處理治療(EMDR),以及運用許多其他制式化的技巧來跟個案溝通。然而,當學生真正開始跟個案工作時,他們很快就發現許多教科書教導範圍之外的事情發生了。直線性理論教導真的無法做到簡單有效和按部就班。

讓我舉個例子來闡明一下我的意思,並且讓你看到當今世界上所教導的心理治療(以及其他概念,狀態、身分認同等等),如何從中獲得幫助和精進。

你可以想像你早上起床,有個強烈衝動要成為一個心理治療的個案。當然,你不會是生下來就是個心理治療的病人。你必須花時間準備成為一個病人。那你如何讓自己成為一個病人呢?很簡單,你只要開始讓自己想著以下的這些詞句的組合:**我不行……;我做不到……;我從來不會……;我總是……;我應該……;只有……才會……;要是……怎麼辦……;或許……;如果別人……那就好了……**

你可以開始對自己這樣反覆地說:「我**無法停止**暴飲暴食。」

或是，「我**永遠不會**有幸福的親密關係。」或者是，你也可以這樣對自己說，「我**總是**會遲到。」或是，「我**應該**多讀點書。」從過去的經驗，我們總是會找到一個普世通用的說法，你可以這樣打擊自己說：「**如果我有另一個人生那該有多好。**」你可以投射到未來，給自己創造一個擔心：「**如果明天我搭的班機在半空中與另一架飛機相撞了，那怎麼辦？**」或是，你可以加添一些自我懷疑和不確定性進來：「如果我那樣做的話，**或許**會好一點。」**或許**不會？**或許？或許？或許**。我們總是可以在「或許」之後添加無限可能性。同時，別忘了要責怪別人一下：「**如果他／她／他們**更敏銳一點就好了，更仁慈一點就好了，更有鬥志些就好了，更熱情點就好了，更講道理些就好了……」等。

刻意地組合以上這些話語，更加頻繁地使用這些話，很快你就會給自己創造很多限制性的狀態和想法了。繼續這樣做，你很快就會成為一個合格的心理治療個案了。經常練習這些負面狀態，你就會發展出屬於自己的負面身分認同，像是「我是一個失敗者」。

現在，心理治療師，花點時間想像一下，你舒服地坐在你的專業椅子上，一個自發性，創造自己問題的個案走進辦公室。你作為治療師的工作是幫助他從受害者的角色裡解放出來——一個受困於感覺、想法、行為、態度、過去創傷以及關係的受害者。你必須發明一種方法，改變病患認為「我做不到」這樣的受害者想法，進入一種「我做得到」這樣的想法裡，一種賦予能量力量的狀態——「我可以有效克服這難題。」「我可以用不同的方式處理這問題。」「我可以改變。」

但是，有效的心理治療不僅僅是幫助個案改變他們的想法或說

法。個案活在一種負面狀態裡。他們的言語只是點出他們所處的負面狀態，點出他們所認同的負面身分價值，並不是造成負面的狀態或身分認同的主要原因。現在，讓我們談論一下治療師。

　　成為一個治療師的過程是無法預測，也無法按部就班進行的。你無法說一個條件或是幾個條件就能成為治療師。要成為優秀治療師，治療師無法只採用一種狀態、一個概念或是一個身分認同。許多心理治療學派都有一系列的規則，描繪出治療個案的核心重點方法。但是，所有的心理治療學派都有一個共通的目標——幫助個案從一個受害者蛻變成為一個成功者。不論治療師是屬於哪個學派，或是運用哪種技巧方法，我們都可以透過發展治療師的最佳自我狀態來提升治療的效率。更進一步，治療師的自身狀態可以是一個發展有效治療的起始點。

　　我可以從我個人經驗裡舉個例子說明。在 1985 年，世界心理治療演化大會匯聚了世界最頂尖的心理治療大師，一同慶祝心理治療的一百週年。（歷史學家追溯心理治療的誕生，是在 1885 年佛洛伊德開始對醫藥的心理層面感興趣。）我作為世界心理治療演化大會的主席，很榮幸可以聽到許多偉大心理學家和治療大師的演講。

　　我參與了一場約瑟夫・沃爾普（Joseph Wolpe）的演講，他是偉大的行為治療大師，講解如何治療憂鬱症。我很認真地聽他描述發現個案根本焦慮的必要性，根據嚴重程度來安排焦慮刺激情境，然後小心地按照方法步驟減少對焦慮的反應，先從最輕微的情況處理，再到最嚴重情況。當我聽完他的演講，我恍然大悟：「難怪我處理不好我的憂鬱症個案。我沒有運用情境安排和減少根本焦慮反應這兩個技巧。」

我再三琢磨這個道理，邊走邊想，我確定自己找到了一個可以提供更好心理治療的方式。但心裡有個想法浮現：「一定還有更多。」「我肯定，治療一定比辨認出焦慮並減少根本焦慮還要多很多」。

　　我來到另一個演講廳，偉大的心理動力學治療大師，詹姆斯・馬斯特森（James Masterson），正在強調：「如果你有個邊緣型人格個案，那就用質問的方式。這是適當的解藥。對於一個自戀型人格個案，運用自戀人格脆弱的同理心回饋。這是適當的解藥。如果你把同理心回饋用在邊緣型人格上，這不會有效。質問對於自戀型的人也沒有效果。」我靈光乍現：「啊哈！難怪我處理不好我的邊緣型人格和自戀型人格個案。我沒有運用正確的解藥。」

　　「然而，」我深思熟慮，思考變得更加地精煉，「幫邊緣型人格個案做治療**不僅止於**質問；幫自戀型人格個案做治療，要比同理心回饋來的更多。」

　　接著，我走進下一個演講廳，人本治療大師卡爾・羅傑斯（Carl Rogers）正闡明個案感受的基礎架構有同理心、真誠和正向回饋。我想著：「是的，沒錯，要更有同理心，治療的祕訣就在此！」然後我到另一個演講廳，薩爾瓦多・米紐慶（Salvador Minuchin），建議大家：「不要只看個人，要看人與人之間的關係結構。改變那個關係結構，人就會跟著改變。」我告訴自己：「米紐慶說的一點都沒錯，我需要研究一下家族治療的結構學派方法。」

　　然後……

　　這些心理治療大師對於他們主張的觀點好像都覺得百分百正確。他們的理論和治療方法看起來都完美無缺，每位大師都有一套

特定方式去進行心理治療。然而，關於如何成為一個心理治療師的建議，卻是少之又少。

在這個大會的最後，我淹沒在學派理論和實務應用的衝突矛盾之間。我最終學到的是，我跟沃爾普、馬斯特森、羅傑斯以及米紐慶等人最大的差異是，我缺乏對理論的信心。把他們那種肯定的自信心帶進治療室裡，不論治療學派取向是什麼——行為、態度、感覺、認知或是關係，都會有好結果。作為一個治療師，當你擁有一個肯定的狀態，個案就會響應你，可能更多是對肯定的響應，而不是對治療技巧本身的回應。

作為一個激勵人心的治療師，我帶著一點反諷的意味說，找到一些概念，不論是你所信仰的理論或是技巧，把它堅信不疑地說給你的個案聽，個案通常會相信並產生改變。這樣看來，心理治療就像是一種宗教信仰改變。治療的肯定狀態帶給治療師的勇氣，是加倍於他們的堅信不疑所帶來的勇氣。

我個人並沒有理論或絕對的技巧肯定。我的信仰是不一樣的。我相信治療是一種更多——比質問還要更多，比改變個人態度還要更多，比改變人際互動結構還要更多。**治療應該是一個象徵性的、體驗性的劇碼改變，隱含的必然意義是，「透過活出一個獨一無二的喚醒經驗，人們自然有能力改變。」**透過建立與融合更好的概念和伴隨而來的狀態，治療自然發生。改變想法、行為、感受和關係很重要，但並非最重要，除非這些改變會誘發有效的概念和狀態，那才是真正重要的。為了創造有助益的經驗，我們同時聚焦在治療師和個案的狀態上——一種透過概念化溝通而誘發體驗的狀態。

是的，在心理動力學派裡有一種強烈的經驗式傳統，可追溯到

法蘭茲‧亞歷山大（Franz Alexander）那個時期提到的正確情緒體驗，但是在心理動力學派裡，改變是來自理解。但我認為，體驗應該是治療主軸，理解可以是前菜或是甜點。**動態體驗可以發生在對心理動力的理解之前，兩者都提供療癒效果，也提升治療師的卓越能力。**

基於我在 1985 年心理治療演化大會上其他經驗，我的專業自信心大大提升。我參與其他三場工作坊，他們的演講都強烈地與我的個人專業偏好互相吻合──連恩（R. D. Laing）、華特克（Carl Whitaker）、薩提爾（Virginia Satir）。這些出色的發表者都是即興演講；不是奠基於科學、理論規範或是學術研究。他們的大師風格是從哲學、文學和戲劇衍伸而來的。在人類文明歷史上，各種形式的藝術總是帶有最強大的影響力，幫助人們從內在成長，也在人際互動上成長。藝術創造了深刻感受。藝術改變了我們的感知、概念和狀態。

因為這許多新鮮的發現，我改變對於治療的觀點。我開始把治療看成是藝術，而不是科學。這讓我得重新設計我的治療師教學課程。在過去，有很長的時間，我學習並教導技巧。然而，當我回顧心理治療的發展歷史，我發現治療師開始重視技巧是最近才出現的流行。治療最早是聚焦在治療師的個人發展上。

心理治療師培訓的歷史回顧

我們感到好奇──或許是一種戀母情結的痕跡──我們想要瞭解專業人員到底如何受訓成為一個治療師。

在心理治療發展的最早期，並沒有太多技巧學習。心理諮商最主要是聚焦在理論上面。當佛洛伊德剛開始研究藥物的心理層面作用時，他首先研究催眠。接著，他屏棄了催眠，專注於他獨特的自由聯想方法。佛洛伊德深入研究人們為什麼會變成現在的樣貌。他創建優美的理論。他的方法主要是理解過去歷史，然後將個案那些阻擋現在的過去混淆模式去除掉。他將這些模式稱之為「移情」。精神分析一個主要目標是幫助個案脫離移情，除去歷史衝突的投射，並移除那些阻礙更美好生活的模式。精神分析治療過程會引導個案去瞭解問題的移情投射。為了喚起移情，佛洛伊德讓個案躺在沙發上，幫個案創造了一個自由聯想的焦慮刺激情境。個案得要把任何浮現腦海的東西說出來。精神分析師會坐在沙發的後面，個案看不到的地方，這也會引發緊張。然後，諮商室擺設有個固定安排，會刺激個案產生移情，然後這些移情可以被分析，被瞭解。改變會伴隨著瞭解洞察而發生。這些治療技巧很簡單，包括了對質，澄清和解釋。

精神分析師是醫生。精神分析師的訓練聚焦在治療師的個人發展。目的是發展這個分析作為治療的工具。精神分析師要學習進入一種沒有反移情的狀態。那些選擇成為精神分析師的醫生，會花很多年的時間進行分析訓練，學習把自己個人的歪曲和移情去除掉。

佛洛伊德方法造成的結果是，治療師的狀態被訓練成是一成不變的樣貌。分析師會用盡各種方法避免反移情出現（分析師自身歷史衝突的阻礙投射）。分析師的狀態轉變被認為是一種移情，這會與個案的移情混淆。

在二次世界大戰之後，心理治療學派如雨後春筍般冒出。歐洲

正在蹣跚地重建，心理治療的焦點轉移到美國。心理治療學派聚焦在可以廣泛應用的實際方法和理論。治療師的個人發展開始變得不重要。最終，治療過程變成「正常醫療程序」，也是按照邏輯思考進行。（醫學上的看法是，一個快樂的外科醫生與一個不快樂的外科醫生是同等有效，兩個人都知道正確的手術技巧。）當各種技巧蓬勃發展，心理治療師的狀態在治療過程中看起來變得不重要，甚至退出治療舞台，成為學術研究界所稱的「不重要因素」。

一個更全面的治療方法不是教育個案改變，而是用一種充滿吸引力的方式邀請他們改變，就好像藝術家邀請觀眾作個視野角度的切換。當我們將心理治療看成是一種藝術而非科學時，治療師便可以重新定義是溝通的藝術家。因此，我們要重寫學習治療的方法。如果你想學物理，參加一個物理學家的演說。但一個人無法在演講廳裡學會如何創造藝術或成為一個成功的運動員。學習必須由內而外，透過發現你內在的體驗和狀態來達到學習的效果。

歷史上來說，治療師的個人發展對於早期的精神分析來說至關重要。讓我們再次思考一下這個概念，但是帶著一個重要的觀點改變。心理治療師（溝通者）的個人發展現在再次成為提升療癒效果的關鍵，但在這同時要更具深度和彈性。與精神分析類似，治療師的狀態可以是治療的起始點。

我們思考一下當代的心理治療培訓模式。他們是否有效訓練治療師？如果不是，有什麼更好的培訓模式？何不鑽研一下表演培訓，更具體地說，即興戲劇？藝術家是如何學會他們的能力的？

不論何時，當我們與人互動時，都是在即興演出。在心理治療室，這個道理也同樣成立。很有趣的是，許多偉大的治療師都是從

催眠開始學起，同時很多大師們也有學過戲劇表演。皮爾斯（Fritz Perls）、帕普（Peggy Papp）、莫雷諾（Jacob Moreno）、薩提爾都學過戲劇表演，他們把藝術融入在他們的教導和治療裡。

聽從我妹妹的建議，我報名了戲劇課程，學習如何將即興戲劇運用在教學中。每個星期我跟一群二十幾歲的年輕人一起上課。我們的老師是個戲劇學博士，在第一堂課請我們自我介紹，並說說上課的目的。第一個學生，約翰，他說：「我來上課，因為我想要到劇場表演。」第二個學生，珍：「我來上課，因為我想要當電影演員。」接著，吉姆：「我來上課，因為我想要拍廣告。」然後，輪到我薩德：「我是個間諜。我想學習一個戲劇老師如何教導即興戲劇課程。」

等我們都自我介紹完畢，大家圍圈站著，要開始第一個表演練習，一個暖身練習稱之為「啦啦」。每個人輪流重複一個聲音模式──啦啦啦啦啦啦啦！啦啦啦啦啦啦啦！啦啦啦，啦啦啦；啦啦啦；啦啦啦；啦啦啦啦啦啦啦！同時加上一個身體動作，首先我們做的是拍手。

一開始老師先示範練習，我們要複製她所做的。一會兒之後，她告訴我，「你來帶頭。選另外一個聲音。用同樣的韻律。選擇另一種動作。」所以我選了另一個聲音，「啪啪啪啪啪啪啪啪」，做一個搖籃的動作。大家都模仿我。下一個學生選了，「嘎嘎嘎嘎嘎嘎嘎」，以及一個新的動作。老師接著站到圓圈外面，給我們回饋。「不對，薩德。」她說，「不是嘎嘎。是嘎－嘎！聆聽帶頭的人，看他強調的地方在哪裡，看他怎麼做。模仿他清掃的動作。」當練習結束時，我們直接進入下一個練習。沒有任何討論。沒有討

論剛剛的過程彼此感受，沒有任何分析，不把這些細節串連起來。

我感到非常困惑。「等一下，」我抗議說著，「我們不用討論一下這個練習嗎？大家分享一下彼此經驗然後討論一下？」「不用，」老師回應我，「下一個練習。」本質上我是一個過濾分析者。給我一個東西，我會分析它，把大麥跟穀殼分別出來。個案告訴我他們的問題；我可以分析這個謎題，找到有用的菁華。他們告訴我他們過去的歷史；我會分析這些歷史。他們跟我說人際關係問題；我會分析他們。我解析他們的故事，直到菁華部分產生，然後回饋他們有用的元素。說到反思能力，我很有自信──咀嚼個案的故事，消化吸收，然後用一種更好的方式反饋給個案。

但是當這個戲劇老師拒絕解析我們所做的練習，突然間我感到明顯的不確定性，這種感覺就好像我跟艾瑞克森醫師學習的過程。他可能會用催眠的形式把某個東西丟給我──一個任務、一個典故、一個謎題、一個遊戲或是一個圖畫──這會迫使我掉進一個神奇體驗時刻。我會因為這些不確定性而心情搖擺不定，但最終我的不穩定心情會逼得我不得不躊躇前進。我得到艾瑞克森醫師的細心照顧。我知道如果我跌落無底深淵，他會接住我、支持我。這個刻意的不確定力量與另一個刻意的悉心照顧構成一種微妙平衡。這個不確定性是一種外科手術，而那個悉心照顧就是麻醉劑。所有的手術都需要麻醉劑。

通常，艾瑞克森不會討論他的所做所為。我需要啟動自己內在的無意識去「拆解」那個體驗，找到屬於我的個人意義。這就好像是參觀藝術博物館，需要靠觀眾自己體驗那種超脫一切的美感。

在即興戲劇課程裡，我們成團結隊地前進；我們沒有解析任何

東西。突然，我被啟發了。我想著：「這到底是為了什麼？我在學習什麼東西？老師教導了什麼技巧？對於戲劇而言，怎樣的狀態和概念是必需的？」一個必要技能是口齒清晰。要在舞台上表演，演員必須要口齒清晰。我想起老師跟我說的話，「不對，薩德。不是嘎嘎，是嘎－嘎」！我被引導去學習口齒清晰，然而是學習概念，而不是學習技巧。

舞台演員不會羞澀，總是會誇大動作，這樣的誇大動作會產生情感共鳴。身為心理治療師，這個元素對我而言很陌生。我受的教育期待我，當我在作心理治療時，要靜靜坐好，盡量不要有任何肢體動作。現在，在表演課裡，我被要求為了情感效果，要誇張演出（肢體、語調、和動作）。光是那堂課就徹底改變了我對心理治療的老舊觀點。首先最重要的是要有策略目標，然後是針對目標形成包裝潤飾的治療方法。我開始學會運用自己的身體（以及其他任何我可以用的溝通管道、資源）來產生有效結果。

我從這個即興練習裡所獲得的最後一個概念，是模仿的重要性。要表演戲劇，你需要模仿的能力。假如你要扮演某個角色，假設你要扮演計程車司機，你最好是仔細觀察計程車司機，並模仿他們的行為。如果你要扮演一個流浪漢，那你需要找到一些流浪漢，並好好觀察他們的舉止。

從這個簡單的暖身練習裡，我得到三個概念——口齒清晰、誇張動作以及模仿能力——在戲劇表演裡很重要，但是老師不會詳細說明這些。戲劇老師沒有在一開始上課時就告訴我們表演的三個要素：口齒清晰、誇張動作、模仿能力。相反地，我們直接參與在練習裡學習。關於口齒清晰、誇張動作、模仿能力這三件事，我們

是透過隱藏的方式親身體驗到的。當我們站上舞台時，這三種東西就會變成我們的狀態，不再是技巧。這就好像我們巧妙地繞過左半腦，建立一種狀態，省略認知記憶，直接把它們變成身體記憶的一部分。我們使用認知記憶來學習技巧，然後勤奮不懈地練習。最終，這個技巧就變成一個自動反應。在一開始，學習網球的揮拍需要下很多苦工，然後這個揮拍動作就變成身體記憶的一部分，自動反應。

　　隱晦的過程學習法很重要，尤其是在精熟特定的動作技巧或是認知能力上。小孩子學習語言就是用這種方法。隱晦的過程學習法必須透過體驗才能達成。相較於死背硬記，這更節省時間和精力。

　　我在戲劇表演課程裡所接觸的學習方法，與我在心理研究所裡所瞭解的截然不同。這就像是第一次學騎腳踏車，跨坐在座墊上，雙手死命地抓緊手把，然後開始歪歪斜斜地騎走。

　　學習騎腳踏車完全是一種內心體驗，奠基於隱晦的過程學習法。你不是用左半腦來學習騎腳踏車。背熟騎腳踏車的物理原則，對於你保持平衡並優雅地騎車一點幫助都沒有。你是用身體來學習如何騎腳踏車。要掌握騎車的訣竅，你必須坐在腳踏車上，試著保持平衡，發展一種內在覺察，全面地感受你的身體動作如何影響騎車的方向和穩定性。你嘗試一次，跌倒了，然後再試一次。學了一陣子之後，你就會騎腳踏車了。你的身體學習，身體記憶，然後這就變成身體的一部分了。

　　還記得當你學會在腳踏車上保持平衡，那個屏息呼吸，一種「啊哈！」的頓悟感受嗎？心理治療和培訓心理治療師的過程應該是在個案和學生身上誘發一個美妙的「啊哈！」時刻，激發一種生

生不息的改變。這個「頓悟」時刻也代表一個人真的掌握訣竅了。

米爾頓・艾瑞克森用這種方式做治療。艾瑞克森首先是戲劇大師，然後才是科學家。這或許聽起來很怪異，因為艾瑞克森在職業生涯的前二十幾年花很多時間做研究。但是艾瑞克森的研究更像是人類行為學家的研究，而不是實驗室裡的科學家研究。他喜歡做生活的現場研究，而不是學術理論研究。

當艾瑞克森在做治療時，就好像是演出一場戲。他跟個案的互動是如此活靈活現。皮爾斯華特克、莫雷諾、米紐慶和薩提爾都有類似的風格做法。他們把戲劇加入在他們的治療裡，因為他們對於直接體驗感興趣，而不是僅僅傳遞教條式理論知識。當這些大師們在培訓治療師時，都把戲劇當作主軸。

就我所知，艾瑞克森醫師從來沒研究過戲劇表演，但是他的教導方式跟培訓演員的方式很相似。他避免說教式的演講。他運用經驗式課程來教導啟發——這門課必須讓接收者由內在產生啟發，進而找到個人獨特意義。

本書的經驗式增能培訓練習系統為治療師的發展創造一個健全環境，透過經驗式、隱晦的學習方式，改變很快就變成身體記憶。就像是透過有氧訓練來鍛練、強化肌肉群，治療師培訓也需要持續不斷地鍛練精進。

為了幫助讀者瞭解在臨床工作裡治療師的全方位發展圖，我在第三章勾勒出一個治療溝通的全方位模式重點。

| 第三章 |

選擇點：全方位模式

為了瞭解經驗式增能培訓練習如運套用於治療師的工作情境，我們用一個更大的全方位溝通模式來做全盤理解。這個模式包括了五個治療選擇點：目標、禮物包裝、量身訂做、過程，以及治療師／溝通者所處位置。這個模式是設計來強化頓悟的經驗，可以運用在任何人際關係互動上。

我用五個選擇點的經驗式練習來教導學生，幫助他們完整掌控概念。為了要教導溝通者所處的位置，我運用增能培訓裡的經驗式練習。

我們可以在圖 1 看到選擇點模式的樣貌。

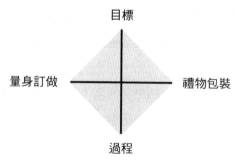

治療師所處位置：
1. 個人位置
2. 專業濾鏡、肌肉、心和帽子

圖 1　鑽石選擇點

讓我們簡單地檢視一下模式裡的前四個點，然後進一步討論第五個點，第五個點是處於圖表的核心位置，其他四個點在周圍演化進化。每個選擇點有一個主要提問。

我們第一個要看的選擇點是目標。關於目標，我們要思考的問題是：「我想要溝通什麼？」更精準地說，這個提問可以是：「我希望能夠誘發什麼樣的反應？」要想出一個目標看似簡單，但是很多時候，說話的雙方在溝通之前並沒有意識到特定目標是什麼。人們很多時候說話是為了瞭解自己的思考，他們並不會策略性地思考自己想要達成什麼樣的結果。

在醫學上，目標是有跡可循的。譬如，如果個案有某種細菌感染，十個不同的醫師可能會有同樣的診斷，然後開類似的抗生素，這是一個清楚明瞭的情況。然而，心理治療的過程是一種啟發式歷程——根據過去的經驗簡化假設。因此，十個不同的心理治療師可能有十種不同的治療目標，儘管個案呈現同樣的病症。一個治療師可能建議改變想法，另一人可能建議改變行為；一個治療師可能聚焦在情緒同理心上，另一人可能提供伴侶治療。目標會因為許多不同原因而有多樣變化，其中一個原因是治療師自身的治療學派取向。

禮物包裝是第二個選擇點。禮物包裝的提問是：「我想要如何溝通這個目標？」知道要說什麼或許很重要；決定要如何強化它才是至關重要。治療師如何做禮物包裝，其中的元素、技巧可說是選擇眾多。它包含了如何運用這些技巧的知識，像是催眠、運用說故事、病症描述以及重新框架。在醫學上，藥房販賣的成藥可能可以治好感冒之類的小病，但是把心理治療想成是藥房的成藥，具有一

樣療效，則是一種錯誤。**心理治療的技巧是用在如何將概念像包裝禮物般呈現給個案；技巧本身沒有任何療效**。適當的禮物包裝可以強化療效，特別當我們的目標是誘發經驗上的頓悟時。隱喻是一種方式，可以禮物包裝一個訊息。

亞里斯多德曾說，「到目前為止，最棒的事情就是成為說隱喻的大師。」透過隱喻包裝一個目標，可以強化個案的反應及療效。隱喻會啟發個人從故事中找尋個人意義。他們會塑造一個人的心靈地圖，跟無意識溝通那個不可預知的寶藏，對象和表徵消失了，制式的圍籬和對立面也同時消失了。隱喻是一個概念化溝通，會喚醒沉睡的潛力並強化那個頓悟的情感，用來誘發經驗體現。隱喻會啟動頓悟的感覺，它不是呈現事實的工具。

禮物包裝的隱喻會強化情感衝擊。隱喻一種是間接的方法。當羅密歐說「茱麗葉是太陽」，我們理解他在說什麼。如果羅密歐去解釋他所說的話，那個深刻感受就不見了。隱喻比文字本身訊息更多，而且它是模糊的。每個人對於隱喻的詮釋都不一樣，但是概念上的意義是通用的，就像羅密歐說的那句話一樣。

第三個元素，量身訂做，是一個增強訊息的關鍵方法。要量身訂做一個訊息，治療師／溝通者會問自己：「個案／接收者是處於什麼位置上？」這個元素聚焦於個案心靈世界與人際關係的評估面向。收集到的訊息是用來修正禮物包裝技巧，以符合個人最佳需求。量身訂做也用在目標設定上。

治療方法應該要禮物包裝，才能符合個人獨特需求。要提供作業給一個實事求是的科學人，我們需要一種特定的方法；對於一個藝術風格的個人，我們則需要另一種方法。我們給予科學家的任務

可能是合乎邏輯、線性合理的任務。對於藝術家，我們可能把任務框架成一種唯美的畫面。

瞭解個案所處的位置可以幫助我們決定治療目標。如果個案抱怨憂鬱症，我們畫出一個地圖看看個案是如何表達他的憂鬱。對某些人而言，憂鬱是鑽牛角尖且害怕與人接觸。對另一些人而言，憂鬱是黑暗恐怖的畫面加上嚴重的自我批判。對很多人而言，憂鬱是受不到快樂，並且無聊。目標或許可以從個案如何經驗他的問題地圖找到蛛絲馬跡。個案對於問題狀態結構的傾向，或許可以提供我們一盞明燈。**心理治療方法的原則是治療元素，而不是診斷**。對於問題的陳述是提供一個範疇，當我們改變了足夠的元素，整個問題範疇自然得到改變。

第四個元素是過程，而核心提問是：「一個戲劇化過程如何活化禮物包裝和量身訂做的目標？」有三階段過程：設定（伏筆）、主要方法、跟進。整個過程是：進入、提供解決方法、退出——治療師則在治療之前、當中、之後。我們思考一下網球和高爾夫球的擊球。力量是來自於一開始的設定和之後的跟進。用電影的術語來說，過程是開場、主題呈現、結局。譬如，開場的一幕是一棟高樓大廈，鏡頭接著轉到辦公室裡在聊天的兩人，然後音樂或是說話聲音引導到下一個場景。

一個想要產生深刻情緒感受的好溝通者，會將他們的訊息用這三階段過程呈現。譬如：（一）「你正在讀這本書。」（二）「你可以理解書中的想法。」（三）「你可以體現書中的概念。」（四）你可以運用這些體悟去強化你的溝通技巧，並產生深刻感受的效果。」（五）「因為你想要更有效地溝通，是吧？」在這個

例子裡，三個「跟隨的陳述句」（句子一、二、三），引導到一個目標建議（句子四），這個三明治溝通法是夾在跟隨句和引發動機句（句子五）之間。在這個例子的三階段過程是：跟隨、建議、引發動機。

當我們聚焦在這四個治療方法上時就會使整個治療更有效率。這個模式有個好處是它立即的效用：治療師在面對抗阻時會有更多不同選擇。看時機需要，我們可以改變目標、禮物包裝、量身訂做或是過程。

再次強調，我們可以運用教條式方法或是經驗式方法教導這四個元素。我會更傾向用經驗式方法，因為經驗會加速學習的過程，透過引導的練習，可以直接在學員身體裡種下記憶。前面四個選擇點背後有個更大的提問：治療師如何做治療？

最後一個選擇點，治療師（溝通者）所在的位置，對於提升療效有重要幫助。這個選擇點的提問是：一個人如何成為治療師？為了提高接收者的能力，溝通者可以探索之前隱藏的潛力。本書的經驗式增能培訓練習幫助溝通者更靈活有彈性，同時誘發幫助個案得到最佳療效的狀態。

溝通者的狀態

要研究溝通者的狀態，我們思考一下這個問題：「我應該採取什麼樣的位置／姿態／狀態？」溝通者的狀態可以切分成四個部分：濾鏡、肌肉、心、帽子。每個部分都有個人層面和專業層面。濾鏡代表的是看事物的角度。在專業的層面上，研究家族治療跟研

究行為治療的濾鏡是不一樣的。在個人層面上，出生在你的原生家庭跟出生在隔壁鄰居家的家庭是不一樣的。肌肉是執行能力。譬如，精神分析學派會鍛鍊他們的「詮釋」肌肉，然而艾瑞克森學派會鍛鍊「說故事」的能力。慈悲是透過一個人的心發出的，跟你的專業治療取向以及個人風格息息相關。最後一個，帽子象徵的是一個人的社交角色。「她戴著很多帽子，」意思是她有很多個社交角色。作為一個藝術家是一個社交角色；作為一個運動員，作為一個父母親，或是一個有自信的專業人士都是社交角色。一個精神分析師的帽子是不同於一個艾瑞克森學派治療師的帽子。

在圖1呈現了一個模式。我們會發現溝通者所處的位置是正中間。它會影響其他四個選擇點，而這些選擇點也會交互作用。起始點不見得是從目標開始。有些治療師在跟個案會談開始之前就已經決定要用什麼技巧（禮物包裝）。我們可以如此熟練地運用這些選擇點並發揮它們的最大效用，然後就會看到療效和正向改變接踵而至。有些治療師強調特定目標，與個案共創一個合約是建立在改變發生的基礎上。其他治療師可能不強調特定目標，而考慮治療的自然發生是建立在「你—我」關係的基礎上。譬如，存在主義治療學派，幾乎不看目標、技巧和策略過程，把治療的核心放在諮商室裡，可以建立一個立即的人際互動關係上。有些時候，我們最好花點時間從量身訂做開始，在我們決定治療目標前，深入瞭解個案所處的位置（價值觀）。

為了有效溝通，我們必須考慮所有五個選擇點。治療師／溝通者的狀態，是這本書的中心思想，我們在第四章會深入瞭解。

| 第四章 |

治療師的狀態

　　讓我們深入研究一下第五個選擇點：治療師的狀態。在這裡我會使用「治療師」這個詞，但是其他領域的人可以把這個詞替換成「溝通者」。每個治療師會把自己的個人和專業的狀態帶進諮商室裡，一個更深入的延伸思考是，這會決定治療的方向和結果。如果考慮到技巧的話，個人的狀態更是至關重要。艾瑞克森神乎其技的治療方法並不是從理論、研究或是練習而來，主要是從他的個人狀態創造出來的。

　　治療師所處的個人位置或是個人狀態，是由治療師的治療學派和個人價值所組成的。在諮商室裡，治療師任何時刻都會投射出一個重要狀態。治療方向是從這些上游源頭而來的。

　　在傳統精神分析學派裡，治療師的專業位置不變，這是為了要強化移情作用的產生。在精神分析學派，治療師的個人位置（感受）會被認為是「反移情作用」，這個詞有個負面的意涵，因為精神分析學派極力避免把治療師個人多餘的、無意識衝突觀點摻雜在治療的過程中。

　　治療師無可避免地會透過他們的行為、穿著、辦公室規定、諮商室擺設，投射他們的個人價值觀到個案身上，以及他們對治療的期望。當然我們要避免不適切的投射，但是每個人都無可避免會投射，

就像每個人都會無意識地掌控某些情境。在此，我們的目標是建構且運用有療效的投射。然而，根據傳統精神分析學派，所有的投射都是負面的。

在每個心理治療學派裡，治療師都有一個特定的學派取向，包括了特定的「濾鏡」（接收事物觀點），「肌肉」（對事物反應的行動態度），「心」（慈悲心），和「帽子」（社交角色）。這些元素是幫助個案建立一個美滿幸福快樂人生不可或缺的關鍵要素。治療師透過明顯或是隱藏的特定培訓和經驗而獲得濾鏡、肌肉、心和帽子。在治療師本身的技巧或狀態裡逐漸呈現一種穩定的治療風格。

透過專業培訓的磨練，治療師技巧狀態的元素很自然地被啟動了。有些治療師聚焦在行為上，有些聚焦在感覺上，有些聚焦在關係模式裡。有些治療師說話帶著關心的語氣，有些會運用說故事或是幽默的能力。有些是正式的會談，有些是隨性的會談。一個治療師的濾鏡、肌肉、心和帽子是一種個人特質，透過天生能力以及後天培訓能力混搭而成。

在心理治療領域，不同學派對於元素裡濾鏡、肌肉、心和帽子的組成「正確比例」都有不同看法。以下這個問題沒有標準答案：「我如何成為一個最有療效的治療師？」每個個案的獨特性造成一個結果，沒有一個單一治療師狀態可以適合所有人。更進一步，一個治療學派的垮克（quark，最重要元素）核心價值觀對於另一學派而言可能是很怪異（quirk）的（Zeig, 1987）。從這個觀點來看，我們最好把治療看成是一種藝術，而不是科學。

在科學領域裡，科學家對於基本的組成元素以及定義有一致認同的共識，但在心理治療領域就沒有這樣的共識存在。心理治療的基

礎單位是行為還是情感？是成人自我還是小孩自我狀態？是覺察還是認知？是關係模式重要還是心靈層面重要？儘管特定學派的基礎單位都是概念，這些概念也經常被認為是事實。進一步地，在各個心理治療學派裡，對於核心價值可能有多種不同定義存在。譬如在催眠的領域，許多的專業機構試著要把催眠現象標準化，但相對地，還是有其他的定義存在。治療師甚至無法在治療目標上達成共識。有些治療專家堅持要有特定目標，有些治療專家則認為心理治療是一種成長歷程，具體目標會阻礙成長過程。

心理治療裡的目標各不相同。在醫學領域，有一個診斷就會產生一個相應的治療計劃。而在心理治療裡，目標是取決於個案所處位置及其與治療師之間的互動。如果個案抱怨憂鬱症，治療師可以詳細將這個抱怨分解成幾個可治療的單位，或是另一方面，治療師可以引導個案去檢視過去歷史、人際關係、行為、夢想或是存在的意義，這些都可能帶來成功的療癒。個案和治療師可以商量討論目標的制定。治療師可以認為，「你的情況不是憂鬱症，你的情況是絕望，」也可以認為「你的生氣憤怒是向自我內在爆發的。」

濾鏡、肌肉、心、帽子為治療師構建了一個「我是誰？」的狀態。這個狀態可以是治療的起點。這個可以決定治療的方向和結果，有時候治療師的狀態甚至比個案的狀態更有療效。

為了簡單讓大家理解溝通者的狀態所帶來的力量，我們用以下的趣聞軼事來說明一下。

維多莉亞女皇的一個外甥女連續兩個晚上和兩個不同的英國偉大政治家格萊斯頓（Gladstone）以及迪斯雷利（Disraeli）吃飯。當人們問到她跟這兩人吃飯的經驗如何，她回答「第一晚是跟格萊斯頓吃

飯，我感覺我是跟全英國最聰明的男人吃飯。第二晚是跟迪斯雷利吃飯，我感覺我是跟全英國最聰明的女人吃飯。」當我們不去研究這個回答的內容（有慧眼的人才能識英雄，外甥女很聰明），我們會發現溝通者的狀態會創造出一種啟發式感覺。

有些狀態是所有的治療師都共同擁有的，不論他們的學派是什麼。好的治療師擁有同理心、真誠和正向態度來面對他們的個案。治療師不能讓個人的私心和問題干擾了個案的治療過程。優秀的治療師致力於創造一個治療同盟關係。

我們都瞭解，在成功的治療裡，治療同盟的形式是變化多端的。治療同盟是一個概念，也是一種狀態。試著透過教條式解說來教導學生學習治療同盟是一條緩慢而漫長的道路。我們需要運用經驗式方法來靈活建立一種客制化的治療同盟。

一個治療同盟不僅僅是在同理心的情境下共創目標；它是一種不同領域的共構，而這當中很多部分需要依靠治療師自身的靈活狀態調整。這本書的另一個目的是發展治療師的狀態，可以暗中強化治療同盟關係。

回顧：治療師會發展出特定的個人風格以及特定狀態，而這很多是跟他們自身的治療學派緊密相關的。作為一個艾瑞克森的跟隨者以及艾瑞克森學派的實踐者，我會呈現一種跟行為治療或精神分析全然不同的治療師狀態。

治療師自我演化

一個治療師的各面向、不同狀態會隨著訓練和臨床經驗不停演

進。傳統的專業成長方法包括了研究所培訓、在職培訓、督導、學術研究論文、當然也包括了臨床上與各種不同個案接觸。聽演講、學習大師的榜樣、讀書、運用媒體、嘗試協同治療也是專業發展的其他方法。儘管以上這些方法會增進治療師的專業能力，但他們不見得是經驗式的體驗。

　　大多數治療師都有一個共識，不論他們的學派是什麼，他們一致認為他們的專業成長是來自於以上這些資源的其中幾項組合。但是當我們問到，治療師的主要成長是從哪裡來的，通常反射性的答案是，「我從我的個案身上學習到最多。」我經常覺得這樣的回答有好幾種含義。到底學到什麼？學到如何當個受害者？學到如何變成僵化的人？學到如何抱怨？好的，我不應該自以為聰明，但我的重點是：為什麼像專業成長這麼重要的議題是透過紛亂無章的方法來學習的？是否可能有個更有系統性的專業成長學習？是否有人可以構想出心理治療的專業發展就好像是運動員的專業訓練一樣，需要個人經驗、練習和紀律？在某種程度上，當一個運動員已經熟練一組特定技巧能力，接下來他就會聚焦在理想表現狀態（Ideal Performing State，IPS，也稱之為「巔峰狀態」）上，去完成眼前的挑戰；而不會再聚焦於如何學習技巧。

　　作為溝通的「專業運動員」，治療師可以透過規律訓練（或是交互訓練）來提升自己的能力。我們可以聚焦在發展靈活的治療師，作為一種特定情境的理想表現狀態（IPS）。治療技巧並不重要。

　　這本經驗式增能培訓手冊是用來開啟一種系統性、經驗性培訓計劃（開發治療師潛力）。

第五章

米爾頓・艾瑞克森的狀態

　　我們在第一章有提到，經驗式增能培訓系統的主要目的是訓練獨特的濾鏡、肌肉、心和帽子，用來精進個人的卓越能力，尤其是當我們的目標是要讓對方頓悟。

　　艾瑞克森本身就是一個有效率、優秀治療溝通者的最佳例子。他在他的專業生涯裡發展出許多種獨特狀態。例如，艾瑞克森精通順勢而為的概念和狀態，無人能出其右，他同時也發展出超凡的敏銳度感知力，察覺個案最細微的模式和變化。甚至，艾瑞克森會運用間接溝通，一種我稱之為「引導導向」（orienting toward）的狀態。他的治療風格是全然體驗性的，同時會創造出戲劇化的療癒體驗，在這樣的基礎上讓改變自然發生。同時，他有強大策略思考能力，會有意識地發展治療步驟。艾瑞克森致力於強化帶有療效的訊息，他會先讓自己進入一種互補的狀態，包括順勢而為、敏銳度、引導導向、經驗式、策略思考。

　　我其實知道艾瑞克森的取向定義裡嚴格來說並不看重「狀態」，而是將它們看為擁有整體價值，因為它們可以建構臨床工作的基礎。經驗式增能培訓系統是一個工具，用來探索跟發展有效的狀態，因此我們可以把這些應用在實際治療工作上。

　　艾瑞克森醫師有數不盡的例子，關於治療師如何靈活有彈性地

改變狀態。儘管我們都有多年的習慣行為，儘管有自己偏好的理論取向，儘管有個人的偏見，我們還是可以隨著情境和個案需求，切換自己的位置和視角。本書中的許多練習，就像是一個很好的瑜珈鍛練——是設計用來啟動一組全新的肌肉，允許我們的濾鏡更加敏銳，把新鮮血液打進我們心臟，在我們專業的帽子上添加顏色和質感。

艾瑞克森的自我訓練

在艾瑞克森的工作裡也提到一個自我訓練狀態的方法。他提過很多用來鍛練自己的練習。為了彌補醫學院、實習、住院醫師的訓練不足，早期在工作時，他會從社工單位取得一個寫好的個人社交心理歷史報告，然後根據那份社交心理報告，建構一個直覺性的傳統精神疾病心理狀態評估。接著，他會反向操作整個過程：他會取得一份精神心理狀態評估報告，寫下一個直覺性的社交心理歷史，然後與從社工單位取得的實際報告作對比。他說他在一百個病患身上做這個練習。他的目的不是要學習內容，而是去精熟一種狀態，瞭解人類發展的基本要素，使之成為自然思考過程的一部分。

艾瑞克森也會鍛練自己獲取一種敏銳狀態。他會分辨出人類社交行為的細微差別。在他職業生涯早期，他就像是夏洛克·福爾摩斯（Sherlock Holmes）一樣地工作，他會找到一個細微線索，從中寫出他的預測。為了避免自我欺騙，他會把他的預測交給秘書，安全地放在一個保險櫃裡，直到他的預測被證實。譬如，或許他發現了洩露祕密的行為，他會寫下「這個人正在有外遇」，或者他會猜測「那位女士懷孕了」，儘管沒有任何顯示生理跡象。他認真勤奮地發展一種能

力，從細微線索推論，而不是只聚焦在增加他知識領域的基礎。

終其一生，艾瑞克森致力於他的成長和發展。在他過世之前不久，我問他一個簡單的行政問題。他透過告訴我一個故事的方式回答我，答案就像是層層包裝的禮物。我必須拆開禮物獲得答案。他這種間接回答我問題的方式，讓我很感興趣。他在溝通一種概念，而不是教條式的引導。我有種感覺，他玩得很開心。甚至，他會練習他的引導導向狀態，想要讓它更加豐富。

艾瑞克森醫師一輩子花了許多時間在引導導向狀態裡。他致力於提升他的引導導向能力，使之成為一種自然本能反應的狀態。譬如，作為治療師，艾瑞克森醫師有個主要天賦，是運用有療癒效果的故事。說故事的能力是從引導導向狀態衍生出來的，這並不是一種技巧。當他的小孩到他的辦公室拜訪他，他會說故事給他們聽。艾瑞克森醫師經常對病人說故事。當他與朋友和家人用餐時，他也經常說故事。目的是為了刺激概念和情感的深刻體驗。

艾瑞克森醫師可能會講一個故事，看看他是否能讓聽故事的人撿起他的筆，轉一圈，再將筆放下，而不需要直接給指令。這並不是為了操弄而去操弄，而是艾瑞克森醫師在探索人類的行為反應。在社會心理學成為一個專業領域之前，他已經是時代先驅的社會心理學家。為了幫助他的學生發展狀態，他會提供經驗式作業。

艾瑞克森會給我一個個人發展任務，儘管不是系統化任務。例如，他叫我去校園裡看小孩子玩耍。我的任務是，預測哪個小孩接下來會玩哪個玩具，哪個小孩會率先離開團體，哪個小孩會接著說話。這種敏銳度的細微狀態，從小線索去推論，然後預測未來模式，艾瑞克森很喜歡做這樣的事，他也鼓勵他的學生發展這個狀態。

作為概念溝通者，艾瑞克森經常運用經驗式方法。當我在 1973 年第一次拜訪他，他在一張紙上畫了三條線——一條垂直線，一條水平線，一條斜對角線。他問我：「這是什麼？」我很仔細觀看。試著找出一個模式。然後我放棄了。完全沒有任何頭緒。艾瑞克森很用力地點點頭，然後搖搖頭，然後把頭傾斜到一邊，同時告訴我：「是的」、「不是」、「我不知道」。他在教導我尋找細微線索。他說我應該小心地觀察病人說話，然後注意到不一致的地方。他這種簡單卻是經驗式的自然風格在我心裡留下不可磨滅的印象，四十年之後依然讓我覺得如此活靈活現。如果他是用那種教條式的方式解釋發生不一致細節的重要性，就不會讓我如此印象深刻。我可能無法「感受體驗」那個概念。

這本《助人者練心術》裡的經驗式增能培訓練習是擷取艾瑞克森醫師的治療取向重要元素。就像模仿對於演戲來說很重要，模仿大師對於心理治療師也是很好用的工具。艾瑞克森醫師是我模仿效法的榜樣，但我也不會將自己局限在艾克森學派的方法裡。我運用家族治療技巧、人際溝通分析、完形學派技巧、系統化取向以及動力取向心理治療，但我還是持續對於艾瑞克森出神入化的經驗式心理治療技巧感到嘆為觀止。我致力於將艾瑞克森學派的狀態整合到我個人的專業發展，創造我自己的獨一無二的治療風格。

我通常一個月會選擇一個主題，用來增進我的專業能力，或是促進個人美好生活。譬如我可能花一段時間鍛練我的視覺感官。我可能花時間鍛練順勢而為的狀態，或是精熟三步驟策略過程：進入、發展主題、離開。我的自我鍛練方法是透過體驗，以強化我的治療師狀態。

經驗式增能培訓裡的練習可以用在個人發展的許多層面上。在接下來的兩章我們有更完整的方法技巧介紹。

第六章

經驗式增能培訓取向

我們的經驗式增能培訓取向，聚焦在發展生生不息的概念和狀態。經驗式練習的目的是幫助學生實際感受目標狀態。

在介紹**暖身練習**以及**增能練習**之前，先做一個簡單回顧：關於提供心理治療，有一個基本上的主觀性是我們無法避免的。有一個看法是，治療師的經驗性狀態都是獨一無二。這會投射到治療情境裡，建構治療的核心。喜愛教條式狀態的治療師會運用教導的方法，有個人魅力的治療師會運用他們的魅力作為治療核心。治療師的狀態影響整個治療過程。數據通常會經由治療師所在位置、狀態去進行。經驗式增能培訓系統奠基於概念溝通，運用概念溝通的治療師會採用一種獨特的狀態，因為溝通概念會需要一個經驗式取向技巧來達成目標。

心理治療的主流訓練包括了教條式教導、督導制度、學術研究、模仿大師、臨床經驗、書籍、媒體、協同治療，以及單面鏡學習。這些培訓可以發展治療師的姿態、風格、自我瞭解、治療取向、個人存在感、狀態，因此，一個系統化、經驗性的培訓項目是最理想的。身為老師，我亦持續演進，在教導裡加入一個核心元素：用一種經驗式方法強化治療師狀態。這是我從艾瑞克森身上學到的東西，但任何治療學派都可以透過經驗式教法來深化培訓，誘

發並升級治療師的核心能力。這本培訓手冊所針對的讀者群，並不局限於艾瑞克森學派的學生。本書的經驗式增能培訓系統是一個模型，可以調整、套用在不同的治療學派，也會對生活的許多面向有所幫助。整體來說，經驗式增能培訓系統就像是人類經驗發展的一個比喻：找到卓越的榜樣，將它分解成許多小元素，找到最適合你的狀態，創造一些練習以發展理想狀態，持續鍛練這些練習，直到它們成為呼吸的一部分。

有兩大群練習：**暖身練習**和**增能練習**。暖身練習最主要是學習大多數治療師可以派上用場的狀態。我們在增能練習裡，會進一步鍛練進階能力。

我們要反覆鍛練暖身練習和增能練習。讓我們回到那個學騎腳踏車的比喻。當你看別的小孩悠遊自在騎車的時候，可能看起來很容易，但你需要花時間練習，才能駕輕就熟地找到平衡感。每一次你做練習的時候總會有一些細微進步，直到突然間你「茅塞頓悟」了！這看起來像是突然間學會，事實上卻是一個累積的過程。同樣地，書中所提出的練習，你必須多加練習，直到全然體驗到這些練習設計希望誘發的狀態。結果就是，治療師可以進入一種有效治療的全新領域。

書中所提的練習是專為心理治療師量身訂做的，這些練習最好是在一個專業培訓團體裡操作。然而，也可以有些調整，以配合個人、專業研究、學術研究團體、督導班、臨床練習等等需求，或是非專業情境裡的自我成長之需。最終目的是幫助發展有效、提升能力的狀態。

再次強調，我賦予「狀態」（states）這個詞一個全新定義。

我廣泛地使用這個概念。譬如,治療師想要發展一個運用隱喻的特定狀態。嚴格來說,運用隱喻應該不算是一個狀態。相反地,通常會把它看成是一種溝通工具。然而,在這本書裡,把它看成是一種狀態,這很有幫助。

回想一下莎士比亞的隱喻:「茱麗葉是太陽。」注意到莎士比亞並不是用模擬句:「茱麗葉就像是太陽。」用模擬句,造成的效果就會打了折扣。莎士比亞所用的隱喻,在隱含的意義裡更顯豐富,有更多想像空間,還有⋯⋯造成演員和觀眾更多狀態的改變。

我無法想像莎士比亞是用系統性或故意地思考:「現在我要創造一個隱喻,用來表達羅密歐內心情緒澎湃。」作為一個厲害的作家,創造隱喻是一種歷程性、自發性的經驗。我想像莎士比亞任意隨性地切換進入一種狀態,在其中,隱喻就只是「自然發生」。或許,他一直活在那種狀態裡。

隱喻是一種概念溝通,會誘發體驗感受。我鼓勵參加我培訓課程的學生,將隱喻的運用發揮到淋漓盡致。為了達到這個目的,我設計了經驗式練習,幫助他們切換到一個狀態,讓隱喻自由流動。為了創造一個印象深刻的心錨,我可能會啟動這個「茱麗葉是太陽」狀態。

我們把隱喻看成是一種狀態,其中一個原因是,它可以覆寫內心裡總是想要正確的衝動——想要做正確的事情。隱喻是曖昧模糊的,可以有各種不同詮釋,沒有所謂的正確隱喻。更進一步,我希望學習更快速地進展,天衣無縫地進到身體記憶,而不是在頭腦記憶裡凋萎。「不要老想著要正確,」我會這樣告誡學生,「要去發展我們渴求的身體直覺。」我清楚地限制學生們在知識理解上的學

習，教導他們要發展狀態，開始去感受那個狀態的體驗範疇。

在這些練習結束時的討論，應該聚焦在治療師如何傳遞那個溝通，而不是接收者的感受。我們要求溝通者描述一個溝通裡的現象特質（或兩個），這是練習的目的所在。溝通者致力於找到進入理想狀態的方法（在當下最能感受到的方法）。然後，我們就學會，在任何必要的情境裡，我們可以輕鬆自在地進入理想狀態。

對於我給出的指令聚焦在溝通者，學生通常感到很困惑，因為他們總是被教導要對接收者提供有效幫助。他們想學習接收者如何瞭解訊息。我完全不認同這樣子的意圖——甚至盡可能禁止它。我希望溝通者轉向自我，檢視自己內在的經驗切換，感受到這個練習所要帶來的效果。有效這件事，是可以等待的，可以是我們發展理想狀態時的副產品。聚焦在自己的狀態上，而不是聚焦在對方的反應，這會幫助學生發展生生不息的、觀念上的體驗。

現在讓我們討論一下治療和催眠。當個案來接受治療，他們可能感覺自己困在一個失敗者的狀態裡。他們可能發展出失敗者的自我認同，此時告訴他們成功所需要採取的步驟並不會有任何幫助。艾瑞克森醫師的解決方法，是有意識地去喚醒有效狀態，最重要原則是去喚醒潛在的資源。我們都有尚未開發的潛力，那些認為自己是失敗者的人，其實在人生過程也都曾經成功過許多次，可能比他們的失敗次數還多。治療焦點可以放在先前沉睡的資源狀態，而這就是催眠可以派上用場的地方。

關於催眠的兩個觀察現象：在大多數文化裡，人們認為催眠是一種麻醉狀態，催眠師像是執行外科手術一般，從無意識移除壞掉的模式，植入積極正向想法取而代之。艾瑞克森將催眠提升到全新

境界，他認為催眠是一個過程，用來喚醒人們內心無窮潛力，無論是心理層面或是生理層面。更進一步，艾瑞克森醫師通常只會片段地使用正統催眠。他發展出一個過程，稱之為「自然催眠法」。我們可以創造催眠過程，而不需要一個傳統催眠引導，因為經驗式的催眠方法會讓情感衝擊成為有效資源。催眠過程讓個案感受到他們可以改變自己的狀態。

　　有心想要學習催眠的讀者，可以閱讀我所寫的「薩德談經驗式治療」系列第一本書，《催眠引導》（Zeig, 2014）。現在，我們可以將催眠看成是許多經驗式過程的其中一種工具。催眠是喚醒式的、概念體現的溝通。催眠不是用來植入教條式的訊息。還有其他經驗式的方法，包括說故事、賦予任務、象徵式任務、平行任務、挑戰、笑話和隱喻。所有這些經驗式方法的設計，是用來改變概念、狀態、感知、感受、記憶、情緒、身分認同以及僵化的關係模式。

　　催眠可以是一種誘發目標的「參考狀態」或是「參考經驗」的過程。我們可以創造或誘發參考經驗。如果一個個案來找艾瑞克森，抱怨自己是個失敗者，他可能會安排一個情境，讓個案體驗到成功的感覺。他可能會用些方法，很有說服力地喚醒個案過去的成功經驗。或者是，艾瑞克森可能在治療過程裡，透過說一系列的趣聞軼事來誘發一個成功狀態，讓個案透過這些元素的引導，感受自己成為一個成功的人。趣聞軼事，就像是大多數的溝通方法一般，有訊息傳遞和情感表達兩部分；有一個明顯的故事內涵，也有一個隱藏的情感喚醒。表面的故事內容可能是中性無害的，隱含的故事訊息可能會引導個案發展出一個體驗的切換，進入一種成功的深刻

感受。經驗性方法可以改變狀態，因為他們是喚醒式溝通。透過概念的體現感受，狀態就會產生轉變。

有些參考狀態深藏在記憶裡，在我們無法碰觸的地方。就算你知道某個特定的資源在圖書館裡，並不表示你可以輕鬆找到、得到那個資源。每個不成功的人都有成功的參考經驗，但這些經驗可能散落四處，無法成為一個概念、狀態和身分認同。人生重大事件（婚禮、滿月禮），就像是儀式和慶典，是設計作為參考經驗，用來建構身分認同。這並不意味著，當你結婚或是離婚，你就困在那個身分裡。許多參考經驗鎖在記憶裡，有些好的，也有些壞的——經驗會創造出身分認同，你是聰明的、有幽默感的、有能力的，或是一事無成、爹不疼娘不愛的。參考經驗總是透過人生重大時刻來創造身分認同。他們透過經驗式方法誘發，像是說故事。

經常，當我跟艾瑞克森醫師在一起時，他會告訴我一系列的故事。模糊不定地，我總是隱約感覺到有條細線串聯所有的故事，我會跟他說：「我覺得你說的這一系列故事有個共同主題，但我捉摸不到，那到底是什麼？」有時候他會直接告訴我答案。但更多時候他會講另一個故事。能夠幫助我成長茁壯的，並不是那些頭腦上的理解。相反地，他設計方法，用來創造體驗的切換——一種生生不息的狀態改變。

譬如，艾瑞克森大力推崇隨機應變，致力於提升學生和個案能擁有一個「初學者心智」。隨機應變是他的一個通用主題。他會信手拈來，隨機應變地運用他百科全書般的淵博學識，為個案量身訂做一個專屬訊息。他可能會串聯一系列的故事，包括小孩、青少年以及成年人，他會描述這些人如何隨機應變，平行於個案問題呈

現的順序發展。或許他會講述與動物有關的隨機應變故事，或與不同文化有關的故事。當我遇見艾瑞克森時，我大概二十幾歲，算是很叛逆的人。似是而非地，他會告訴我一系列的故事，關於個案無比荒謬的頑固。我會安靜地暗自竊笑：「還好我沒有這種荒謬的頑固。」但其實內心暗地裡，我會檢視自己的頑固，隨之而來發展出一個較有靈活彈性，隨機應變的狀態（一個參考經驗）。艾瑞克森的做法是概念體現化的，設計用來創造經驗的轉換。故事是他經驗式取向裡經常使用的工具。

就像細胞會創造器官，器官會強化一個人的生命，概念和故事串連一起，經過一段時間就會創造出身分認同。我們都有多重身分，大部份身分具有功能性。我們可能是一個丈夫、一個老師、一個父親、一個朋友等等。有些身分認同，像是一個失敗者的身分，是不好的。狀態和身分的轉換通常不著痕跡，但還是可以辨認出來。更進一步，我們可以使轉換狀態和身分的訊號更加明顯。聚焦在不同元素上，可以幫助獲得不同狀態。

為了更好理解元素這個概念，我們以情緒來做比喻。以生氣為例，當人們生氣時會有些什麼徵兆？或許你會齜牙咧嘴，握緊拳頭，肚子肌肉用力，提高說話音量，發展出一種鎖定視線，雙眼直瞪你憤怒的對象。很有趣的事情是，就算你心情平靜，如果做出上述的動作，也會喚起生氣憤怒的感覺。

現在回到狀態這件事。你如何知道自己充滿鬥志？活在當下？熱心助人？有好奇心？有良心？是成功的？是有趣的？那個轉換是什麼？相似地，個人可以檢視在一天當中出現的無數身分，找到其中核心元素。經驗式增能培訓系統的目的，是喚醒溝通者的理想狀

態。我們知道，治療師的生生不息狀態會誘發個案的有效狀態和反應。治療師和個案雙方的頭腦可能都無法理解造成有效狀態的到底是什麼，但是對於溝通者而言，知道那個特定的誘發訊息會特別有幫助。

在做完練習之後，學員彼此間的討論應該聚焦在發展溝通者的理想狀態。每一個練習都是設計用來誘發一個特定狀態／取向／身分認同／姿態。為了讓討論更流暢，我們會用一些元素類別來描述理想狀態。我不會照特定順序排列它們。下頁的狀態清單，提供一個依據，協助學員能夠更好地進行練習後的討論。

我們要知道，列表裡的許多元素是可以用來誘發最佳概念體驗和狀態，透過創造獨一無二的體驗。這些元素構成了治療師的調色盤。治療師可以運用任何一種，或甚至運用全部元素，創造獨特的體驗，誘發個案最佳的概念感受和狀態。艾瑞克森使用「調色盤上的所有顏料」來強化、鞏固改變。譬如，我們可以策略性地運用聲調和動作的獨特性，在說故事時帶來繪聲繪影、畫龍點睛的效果，因為他們會使聽的人有震撼強烈感受，讓故事變成更活靈活現，喚醒內在深處的資源。

列出的清單並非包含一切。其他的分類也可被使用，像是模擬、質量（強度和時間長短），和明顯的缺乏。明顯的缺乏包括了，不使用形容詞，沒有聲音語調變化，或是缺乏表情動作。在練習結束後的討論，我們不需要清楚知道到底是練習哪個元素。但是把這些類別牢記在心，這可以幫助學員更好地找到狀態的轉換。

要解釋這個部分，我們回過頭討論激勵的狀態，對每個分類提供一個假設性句子。這個核心提問是：「你怎麼知道你充滿鬥

狀態清單
行為
情感
想法念頭
態度
感官（視覺和聽覺經驗）
感受（觸感經驗）
額外的感覺：嗅覺、身體感覺、味覺、運動知覺
想象畫面／幻想
回憶
關係模式，像是開放程度、身體距離
與環境的關係
能量等級
動作和表情
姿勢
詞彙
語言特質：詩意、聲音方向、聲音語調和說話速度
注意力和專注力

志？」

以下的句子可以歸回到狀態清單裡面的分類：「我知道我充滿
鬥志因為……」

　　行為：我的身體向前傾。

　　情感：我感覺快樂。

想法：我可以輕鬆達成目標。

態度：我喜歡自己在那個狀態裡的感覺。

感官：我注意到視覺畫面的細節。我完全沒發現外在的噪音。

感受：我可以感覺雙腳堅定地踩在地板上。

額外感覺：我渾然不自覺在空間裡所處位置。

視覺畫面：在我腦海裡有個三度空間模式出現。

回憶：我回想起小時候打棒球，真心想幫助球隊贏球。

關係模式：我對於我所關心的人，距離更靠近些。

與環境的關係：我對於外在環境發生什麼渾然不知，只聚焦在
　　眼前說話的這個人。

能量等級：我充滿能量。

動作和表情：我的雙手打開；我在微笑；我的動作是準備好要
　　前進。

姿勢：我站得更加挺拔直立，更加抬頭挺胸。

詞彙：我使用更多積極正向的形容詞。

語言特質：我說話聲音更是優美流暢。

注意力和專注力：我全然聚焦。

　　我們無法全然描述一個狀態。但一旦接收者可以清晰地找出一
或兩個巔峰狀態（IPS）的特質，他就可以創造一個參考經驗或心
錨，隨時隨地進入理想的高效能狀態。

　　例如，我見過一場單人戲劇，「我是我自己的太太」（"I Am
My Own Wife"），在這個戲劇裡，男主角切換了三十種不同的身
分——男人、女人、年輕人、老年人。在進入每個角色之前，總是

有一個細微、可覺察、獨特的行為切換。這個行為切換就像是一個心錨，可以強化角色的轉變。

對於世界級頂尖運動員而言，隨時隨地進入高效能狀態是很重要的。在我的職業生涯裡，我和許多不同類型的世界頂尖職業運動員工作過。我會詢問他們，關於他們的巔峰狀態。一個高爾夫球選手的巔峰狀態是不同於美式足球選手的巔峰狀態，而且這會隨著情境有所不同。我幫助職業運動員，為他們的巔峰狀態建立一個心錨。相同地，治療師可以擁有一個巔峰狀態。經驗式增能培訓系統可以幫助治療師發展並隨時獲取他們的巔峰狀態，以及在巔峰狀態發生之前相對應的概念。最終，巔峰狀態成為一個身分認同。

我們接著在第七章討論練習的形式架構。

經驗式增能培訓的系統架構

　　艾瑞克森醫師並不用系統性的方式來教導學生，但是這本治療師培訓書是一種系統化教學。**暖身練習**的背後隱含概念是：想像一個心理治療大師，把他／她的狀態分解成一系列小元素，以此設計暖身練習來幫助學生有個元素深刻體驗。我用這樣的方式來創造**增能練習**：我在心中想像艾瑞克森，把他的狀態分解成一系列小元素，藉而設計出練習來幫助學生體悟到這些次狀態。在這兩個架構裡，過程裡都包括了模仿大師模式。

　　經驗式增能培訓系統的順序排列是無窮無盡的。這個治療取向是一個比喻，用來幫助你成為卓越治療師；成為一個更好的人。找到一個大師——家長、老師、企業家、藝術家或是頂尖運動員——然後運用模仿過程，創造體驗式練習，獲得並「嘗試」次要狀態。

　　有個根本指導原則：創造許多線索，但是不連接這些線索。讓個案或學生自行去串連所有線索。治療師可能總是會有股衝動，想要為學生或個案連結這些線索。表面上看起來這樣好像不錯，但如果你的目標是轉換體驗，最好是讓學生或個案自己串連這些線索，這樣就會創造一個生生不息的體驗。經驗式練習就是這些元素線索，可以喚起獨特感知。

　　允許接收者自行串連這些線索，這是所有藝術的最高等級。

記住，藝術是一種概念，並不是具體的。不幸地是，解釋性寫作通常聚焦在連結這些線索。在接下來的章節，我可能是更多教條式和描述性的寫作，這跟我在做治療的情境不一樣。這是寫作會有的限制。我希望讀者可以透過反覆操練書中的練習，跨越這個障礙，發展出一種體驗感受以及經驗的轉換。

我在一九九〇年代初期開始發展經驗式增能培訓系統，這是在我參與即興戲劇課程之前的事。我第一個發展出來的練習是跟順勢而為的狀態有關。（請參閱第 36 個增能練習），這是艾瑞克森學派的核心思想。這本培訓書裡有許多練習是幫助學生實際體驗一種順勢而為的狀態。（關於更多順勢而為的教條式信息，請參閱我 2006 年的書，《百川匯流》〔*Confluence*〕。）

經過許多年之後，我致力於發展出更多的練習，用來幫助治療師提升治療實力，我也把這些東西匯整到我的培訓課程裡。在一九九〇年代中期，我已經創造出幾乎所有你所能想到的增能練習。接著，在我的工作坊培訓裡，有成千上萬的學員實際學習運用這些練習。有些練習經過不停改良。經過三十年之後，我把這些練習改良到最簡單易懂的方式。就算如此，還是有些進步的空間。在我提出的培訓項目裡，最常使用的練習在書中有最深入的章節討論。而那些還有進步空間的練習，在書中可能就沒有討論的部分。我希望讀者可以發揮創造力，把那些尚未完整呈現的練習變成容易上手、簡單實用的練習。

書中有些原始版本練習，因為我希望這個治療師培訓系統可以在學術研究和理論發展上派上用場。我提倡一個經驗式增能培訓學派，治療師的專業成長可以透過經驗／體驗來達成，治療師的自身

狀態可以是治療的起始點。這個啟發性的指導原則很簡單：當你的目標是溝通帶出情緒感受，當你想要誘發一個概念的親身體驗，當你的目標是改變一個狀態，或調整一個身分認同，那麼，創造一個獨特體驗時刻，就能夠強化目標並創造一個參考經驗。

在接下來下的練習裡，有許多種不同項目分類，主要如下：

1. 治療師的狀態，會帶領學員進入理想目標概念，或是理想狀態。

2. 形式，指出一個練習適合的人數是多少。

3. 角色，由學員們自行決定誰要扮演什麼角色。

4. 方法，是指我所推薦的練習進行方式。

5. 許多練習有變化題，所以練習可以依據不同目的而任意使用。有些是適合心理治療或是督導培訓使用。

6. 目的，是為某些期望得到的體驗結果，做出總結。

這些練習應該要有系統地慢慢鍛練。許多練習應該要像慢動作般進行，目的是誘發經驗式感受。這些練習的目的是發現一個指標，讓我們辨認出理想狀態，讓我們在未來可以任意切換運用——到某種程度，這些練習就像是本能反應一般自然。這些練習應該要反覆進行，直到一種理想狀態的「直覺反應」被感受到，直到有一種經驗轉換發生。對大多數人而言，我們都需要練習；沒有哪個練習只做一次就足夠。

有些練習的遊戲規則以及安排，需要透過團體的領導者解釋一番才能進行。有些練習必須等到練習結束，才能給出講義，因為太早給出講義會影響、降低練習效果。我們要記住，有些練習可能超出了學員的舒適圈，我們不應該強迫任何人參與練習。

為了進一步探討我的正向意圖，有些練習的後面附有討論的段落。通常我在培訓工作坊裡不會解釋這麼多，在工作坊裡我主要聚焦在喚起學員的體驗和經驗感受，而不是知識上的理解。再次提醒，為了幫助大家，我在 www.psychoaerobics.com 網站上有些練習的示範影片，我也會不定時增加新的影片。

　　下一個部分將討論暖身練習。其書寫各式方便讀者影印講義。我授權給老師們，自由複印練習講義，提供學生使用，只要你註明出處，並不隨意更改書中練習講義內容。

第二部

暖身練習
（1-10）

體驗是將自己置身在環境裡，全身、全心、全意參與中。這意味著全方位參與：頭腦、身體與直覺。

——斐歐拉·史堡林，《即興戲劇》

暖身練習 1

建議：在練習完成之後再發給學員講義

治療師要發展的狀態： 進入一種資源狀態，可以最佳地參與在增能培訓練習裡——缺陷與頑皮。

形式： 兩人一組。

角色： 一人擔任投手，另一人擔任捕手（接收者）。第二輪角色互換。

練習方法：

投手和捕手各自找到一個缺陷技巧：他們各自進入一個缺陷（缺乏資源）狀態裡。捕手閉上眼睛。投手作一個五分鐘的放鬆催眠引導。如果投手不用催眠技巧，他可以提供一個漸進式放鬆引導，或是圖像畫面引導。

投手和捕手都進入各自的缺陷（缺乏資源）狀態，也進入各自角色裡。例如，投手扮演消極狀態或是健忘狀態。捕手成為焦躁不安、有攻擊性的、沒耐心傾聽等等。每個人都只要選擇一項缺陷狀態，單單一項就好，並且不用告訴彼此自己所選擇的缺陷狀態是什麼。所選擇的缺陷狀態必須是具體的，而且在過程中從頭到尾一致。同時，兩個人都應該變得越來越進入缺陷狀態，也就是說，在練習的過程當中逐漸增加自己的缺陷狀態，直到產生強烈的戲劇張

力。

　　投手在技巧上要表現得很有自信，當他要提供催眠引導或是漸進式放鬆時，要用自己最擅長的方法。而那個缺陷狀態主要是透過口語和身體動作來呈現。

　　在練習完成之後，兩人帶著沒自信的狀態去猜測彼此所呈現的缺陷狀態是什麼。討論時聚焦在那個缺陷狀態的核心元素和質量。我們可以運用現象清單。夥伴們可以提供回饋，幫助彼此分辨出一個核心元素，如：「當你在沒自信狀態時，最明顯的元素是你講話速度很快。」

　　投手跟捕手在接到團體帶領者進一步指示時才能交換角色。角色再互換後整套練習才算做完。接下來可以進行第二回合，投手跟捕手選一個他們父母親的缺陷狀態，在練習的過程當中逐漸誇張演出。再一次，在練習完之後的討論沒自信地猜測彼此的缺陷狀態，分辨出一個核心元素。

　　回顧：學員們必須：1. 選擇一個缺陷；2. 盡可能具體的表演出那個缺陷；3. 慢慢地發展它，最終很誇張地演出；4. 關於夥伴的缺陷做個沒自信的猜測；5. 在練習結束後解構他們自己的狀態，並找到一個核心元素。

　　變化題：

1. 在第一回合，投手和捕手找到他們母親最常見的缺陷狀態，用同樣方式戲劇化誇張演出那個負面狀態。接著，在第二回合，找到他們父親的主要缺陷狀態，重複這個練習。

2. 投手和捕手角色扮演治療師和個案，在各自角色裡演出缺陷狀態，或許可以進入他們父母親的負面狀態裡。

3. 在角色扮演裡，演出無效能的動眼減敏及重新處理治療（EMDR）、認知行為療法（CBT）、格式塔完形療法（Gestalt）、教練，或是心理測驗等等。

4. 在角色扮演裡，扮演一個無能的父母親、一個糟糕的公司主管、一個糟糕的運動員、一次無效能的督導、一段糟糕的婚姻關係等等。

5. 運用在治療和督導裡。（在討論部分會詳細說明。）

目的：學習如何分辨、獲得並改變狀態。在學習的同時，享受樂趣。將「缺陷狀態」去敏感化，體會到缺陷狀態其實是一個「家庭共享感受」，可能從父母親代代相傳下來。刻意地練習缺陷狀態可以幫助你卸下一個總是想要立即成功的重擔。

態度：參與這個經驗式增能練習最好的態度是頑皮、合作、不帶批判。治療師增能練習是用來分辨並獲取資源狀態。這些練習會挑戰個人去發現自己的強項和弱點。這不是競賽活動，沒有要分輸贏。

提醒：我們不應該強迫任何學員參與在練習裡。學員有自由選擇權利。

討論：暖身練習 1

在最近一個工作坊培訓裡，我用漸進式放鬆技巧示範了**暖身練習 1**。我盡可能讓我的說話語氣聽起來是充滿自信。在過程中我改變我的狀態，我變得更加自戀於我的狀態、我的手勢、我的動作，最終我完全忽略個案，只專注在自己的放鬆過程裡。個案採取一種傻瓜狀態，一直問不相關的問題。在練習結束時，我們猜測彼此的缺陷狀態是什麼。他猜我是消極狀態。我猜他是過度聰明（各自投射自身的缺陷在另一個人身上）。

以下是幾個為何要從**暖身練習 1**開始的原因：

1. 我們定調在享受練習的過程樂趣，這個氛圍應該持續在接下來所有練習裡。

2. 這指出了治療師增能練習的重點所在，我們看重體驗深刻感受，以及調整狀態。有些人善於改變狀態，有些人則很難做到。如果你不擅長改變狀態，可以運用這些練習，勤加鍛練，最終達到可以靈活彈性改變狀態的目標。

3. 這提供治療師一個機會，檢視自己可能不足、缺乏的地方，這些缺陷可能影響他們身為治療師的能力。這個練習並且提供一個安全、正向的環境，可以幫助成長、發展。

4. 這個練習是用來去除「能力導向」的取向，讓我們在之後的練習裡不用再執著在自己是否有能力這件事上。

5. 治療師必須學會與自己的「無能為力」相處。提供心理治療，還要瞭解個案所在的現實世界，這是一件驚人的任務。總是要追求自己是無所不能，對於許多厲害的治療師來說是

一種職業危險。因此，治療師注定有相當多的時間比例是無能的，無法幫助個案。

職業運動員要學會總是會有受傷的可能性，也有自己無能為力的時候。以棒球為例，上壘機率是指選手踏上壘包的機率有幾成，除了失誤之外。大概 30％的時間，一般的職業棒球員可以站上壘包。這意味著 70％的時間，這些棒球選手都是無能的。上壘機率的最高紀錄是由泰德・威廉斯（Ted Williams）所保持的 0.482。儘管他被認為是史上最厲害的棒球選手之一，他的紀錄顯示，他有超過一半的時間是無能的。麥可・喬丹（Michael Jordan），史上公認全世界最偉大的籃球員，有超過 50％的時間沒投進籃球。職業運動員領著驚人的薪水，但是他們有很大半時間是失敗無能的。

6. 我們會讚揚無能是有個重要原因。我們困在一個持續運動的星球上，地球的自轉速度是每秒三十公里（一小時轉動十萬八千公里）。我們不正確的自信感官告訴我們，我們是靜止不動的。地球圍繞運行的太陽，是一個邊緣銀河的一個邊緣恆星。大概有 10^{11} 個已知銀河，而每個銀河大概有 10^{11} 個已知恆星。如果每個恆星有 10 個行星圍繞運行，在這個宇宙裡的行星數量大概接近阿伏伽德羅常數那麼多（Avogadro number = $6.022140758(62) \times 10^{23}$）。更進一步，整個宇宙在億萬年的減速之後，現在正以令人難以理解的方式加速。更進一步，宇宙的誕生至今是一個謎，但是所有的銀河、恆星和行星最終都會滅絕。任何人如果知道這些真實的存在條件，還要繼續吹捧一個膨脹的自信能力，那真是活在一個拒

絕相信事實的幻象裡了。公開地承認自己的無能會讓我們謙卑。

7. 練習的第一回合與投射有關。學員為何會選擇某種特定形式的缺陷，值得我們可以分析並瞭解其中原因。

8. 在第二回合，我們指示學員選擇他們父母親的缺陷狀態。通常，在第一回合所選擇的自我缺陷狀態，與第二回合的父母親缺陷狀態是相似或是互補的。我們不會獨立發明自己的缺陷狀態；這經常是一種家族遺傳，代代相傳下來的。

9. 個案來尋求心理治療，是因為他們困在一種痛苦的、缺陷的狀態裡。治療師可以把這個缺陷解釋成從上一代遺留下來的剩餘物。這樣的說法或許會帶來改變，但是，最佳的方法是透過經驗式方法來刺激深刻頓悟感受。當我告訴學員們要成為經驗式的治療師，他們通常感到非常困惑，不知如何具體執行。我們可以把**暖身練習 1** 放在真實治療情境裡，試著想像以下步驟：我們告訴個案，選擇一個缺陷狀態，然後透過煮一道菜來展示他的缺陷狀態。接著，我們指示個案帶著缺陷狀態去煮另一道菜，只不過這一次選擇他父母親的缺陷狀態。然後，我們邀請個案反思一下自己的缺陷狀態，和父母親的缺陷狀態有何不同。這個經驗式練習可能讓個案靈光乍現，瞭解他自己的缺陷狀態是從何而來。這樣的經驗式洞察，遠比治療師的解釋說法來得深刻有效。

10. 如果我們希望家族治療變得經驗式，可以調整運用這個暖身練習。我們假想一下一個超級有自信的家庭，父親走進房間，穿著西裝筆挺，光鮮亮麗，用一種標準的傳統男性坐姿

腰桿挺直坐著；母親穿著高雅有品味，雙腳膝蓋優雅交疊坐著；小女孩穿著白色洋裝，長髮整齊地梳放後背；然後⋯⋯青少年兒子進來了，頭髮雜亂無章，身上有刺青，穿耳洞戴鼻環。這個兒子穿著不合身的奇怪圖案圓領短袖衫，破洞牛仔褲幾乎要從屁股上掉下來，還發明一種前所未見的古怪坐姿。儘管治療師可以很輕鬆地評論這些價值觀的衝突，我很懷疑這樣的治療方式是否能產生改變。或許我們可以調整運用**暖身練習 1**。我們可以給這個家庭一個無能的家庭作業，他們要帶著缺陷地計劃一個家庭出遊，每個人都要參加。我們指派這個青少年兒子作主，計劃一切。這樣的安排會導致這個家庭對於他們的困境和家庭結構做出調整，會激發改變，因為這是在家庭裡從內而外的刺激，而不是從外在安排管理。

11. 學習任何新方法通常都會有個不停嘗試錯誤的過程。當學習一個新的治療技巧，不論是催眠、認知行為治療或是動眼減敏及重新處理治療，我們可以指示一個學生帶著缺陷狀態去角色扮演。這個方法可能有效，特別是對於那些總是想要展現能力的學生，因為這個急於證明自己的能力正是我們學習路途上的阻礙。

暖身練習 2

治療師要發展的狀態：一種同頻共振狀態：情感表達，情緒範圍，運用肢體動作來表達。

形式：六到八人一組。

角色：每個人都會輪流當投手和捕手。

練習方法：

第一個人是投手，對他右手邊的人說一句胡言亂語的話，裡面要夾雜三到四個外星詞語。右手邊的人成為捕手。捕手把聽到的胡言亂語重複最後一個詞，還要加上自己的一個情緒，像是吃驚、喜悅或是哀傷等等，再傳回給第一個投手。

捕手接著成為新的投手，對著右手邊的人說一句外星語言，同樣帶著一個隱藏情緒，不用跟之前那句話一樣。然後右手邊的人成為新的捕手，把這句外星話語講回給新投手聽，加上一個隱藏的情緒。接著再跟自己右手邊的人說另一句外星語言。練習持續傳遞到下一個人，確保每個人都輪到幾遍。

以下是一個例子：

一號對二號說：依他、一步、布蘭卡。

二號對一號回應說：布蘭卡！

二號對三號說：望他、私立普、努燈。

三號對二號回應說：努燈？

三號對四號說：派咖、力豆譜、藍透。

四號對三號回應說：藍透？！

四號對五號說：雷諾、米爾頓、潑辣。

………

變化題：

1. 捕手一字不漏地重複投手所說的外星語每個字，同時模仿投手的表情、動作、語調、說話速度。

2. 這個外星語是設計來誘發一個特定情緒。捕手在投手的外星語句裡找到一個外星詞，可以代表投手的情緒。接著捕手成為新的投手。另一種做法是，捕手可以誇張投手話語裡的情緒，說回去給投手聽，如：「格拉特！」可以說回去成為「格格拉拉特！」捕手接著把新的外星語傳遞給下一個人，加上另一個還沒有使用過的情緒。

3. 對下一個捕手所說的話是暗示放鬆、熱情等等。團體領袖給予目標指示（如：放鬆、熱情或好奇），學員們根據那個指示去修改他們的外星語言。

4. 用外星語言說「憂鬱」、「焦慮」等等。

5. 團體每個成員輪流說憂鬱、焦慮的外星語言，體驗一下多變性，之後可以分享討論。

6. 「電話」模式：一號投手說一句外星語言，以及相對應的動

作，捕手一模一樣地模仿他。捕手成為新投手，新投手重複第一句外星話語和動作，傳遞給下一個投手。團體持續做這樣的模仿和傳遞，直到這個訊息又回到一號投手。確保要傳遞精準的語句，精準的音調以及精準的動作，無論你從你的投手收到什麼，就傳遞下去。不要試著修正投手傳給你的東西，不用跟第一個投手一模一樣。這樣傳遞一圈或兩圈。也可以用慢動作的方式做這個電話模式。

目的：發展情緒的寬廣範圍。

態度：參與治療師增能練習的最佳態度是保持頑皮、好玩、有趣、合作、不帶批判的眼光。

這個練習延伸自凱斯・喬斯通的書，《即興表演與戲劇》（*IMPRO: Improvisation and the Theatre.*）。

討論：暖身練習 2

　　使用外星語在一開始可能看起來很奇怪，但是我們有很好的理由使用它。外星語在培訓演員時很重要。例如，如果演員太過專注於背熟台詞，他們很可能會錯失一些很細微的情緒表達。因此，導演可能會在排練的時候讓演員練習用外星語說話，作為一種鍛練精微情緒的方式。透過這樣的練習，演員可以聚焦在溝通的非語言層面，對話的情感豐富內容，以及演對手戲時其他演員來的反應。歌手也可以用類似的方式練習。他們可能一開始運用音節去學習音樂，因此他們最終可以轉換那個節奏和音調，歌唱出想要表達的情緒感覺。

　　完形心理治療的開山始祖皮爾斯（Fritz Perls），在他團體治療的培訓裡運用外星語。我聽過一段錄音，是皮爾斯在他晚年帶領團體治療時的錄音，他邀請學員們講外星語。因為這個出乎意料之外的練習，學員們的焦慮都浮上台面，透過錄音我可以感受到學員們內心的極度焦慮衝突。順勢而為地運用這些浮上台面的焦慮，皮爾斯把焦慮變成團體治療的重點。

　　我記得有一次米爾頓・艾瑞克森對我說外星語言。在我第一次拜訪他之後，我很意外、受寵若驚地受邀參加他最小女兒的婚禮，婚禮在他家舉行。這個出乎意料的邀請來在我們初次見面後不久，我其實沒有預期會在那次見面後再次拜訪他。直到多年以後，我才瞭解艾瑞克森喜歡當「別人的父母親」，他的個案和學生都會短暫地成為艾瑞克森的「家庭成員」，最終「畢業」並且離開「艾瑞克森的療癒之家」。

在她女兒的婚禮上，我找到機會在廚房堵住艾瑞克森醫師，並且很笨拙地問他一個專業問題。沒錯，當時我既年輕又天真無知。他很溫和地微笑，然後用一個外星語言回答我。當他發現我一臉狐疑困惑，他很頑皮地又說了更多外星語言。我整個人傻了，呆在原地，臉上寫滿問號。再一次，他又微笑了，講了甚至更多外星語言。最終，艾瑞克森太太進來阻止他，她說，「哎呦，米爾頓，你就行行好，別再捉弄他了。」突然間我頓悟了，婚禮的慶典是為了讓大家享受美好時光，而不是上課。就像艾瑞克森的一貫作風，他把這個時刻變成一種深刻體驗。我完全沒有感覺他在責備我。如果他直接跟我說，「這是一個婚禮，而不是督導的時間，」那我可能會感覺很糟糕。

在一個暖身練習裡面帶領大家運用外星語言，還有其他的價值與目的：後面某些治療師增能練習會用到外星語言，這也可以應用在心理治療和督導上。一般而言，用外星語言來訓練溝通能力很有幫助，因為這會提升你的自信心和靈活彈性能力，這可以用在許多專業領域和非專業情境裡。

對於過動症的小孩，我們可以用外星語言作團體治療練習。治療師製作一些有顏色的卡片，每張卡片上面寫一個情緒，如：生氣或失望。給其中一個小孩兩張卡片，那個小孩是那個回合的小組長。不要事先告訴其他小孩是哪兩個情緒，那個小孩用外星語言分別把這兩種情緒表達出來。其他小孩猜測這兩種情緒。在這個遊戲裡，孩子們學習情緒的表達，以及如何閱讀別人的情緒，這些能力通常是過動症的小孩所缺乏的。我們也可以設計類似的練習給那些有情緒表達問題和理解情緒障礙的成年人。

我曾經在伴侶治療裡用過外星語言。有種夫妻會習慣性地劇烈爭吵。當他們在治療室裡面準備開始爭吵，我可能邀請他們用外星語言來爭吵。這可能會帶來一些好的結果。夫妻兩人可能體驗到他們的惡毒語氣和行為：「我以前都沒有發現，當我這樣指責你的時候，我的態度多麼糟糕。」或者，這對夫妻可能同時笑了出來，發現他們的爭吵是多麼荒謬可笑。這個練習可能也有一個像「計算機病毒」的作用。當這對夫妻記得在家裡這樣做時，這可能會打破他們習慣性、被制約的爭吵模式。還有另一個重要因素：運用外星語言可以有一種象徵性的隱喻含義。我們會發現，經常吵架的內容都是垃圾，胡言亂語，因此用外星語言來吵架，或許可以發現藏在垃圾內容裡的情緒，也發現原來吵架講的都是垃圾話。

我也在家族治療裡用過外星語言，用來刺激大家的頑皮心。我可能會請一個彼此漠不關心的家庭，在晚餐時要成員用外星語言交談。形同陌路的夫妻也可以運用類似的練習。

外星語言也可以用在個人心理諮商上。我記得一個艾瑞克森的案例，艾瑞克森醫師認真鑽研一個思覺失調病人的沙律語模式（salad pattern），運用這個來建立緊密關係。這個量身訂做的沙律語對談讓病人感覺受到尊重。最終，這樣的治療方法讓病人逐漸可以用正常理智的方式交談。

對於學生而言，外星語言很有幫助。與其將一個精神診斷疾病的標準細節背的滾瓜爛熟，學生們可以用外星語言來角色扮演一個問題，如：憂鬱或焦慮。隨後的討論，學生們可以更容易體驗到診斷的標準細節以及診斷要素。學生的親身體驗會比用腦袋瓜背熟來得更容易些。

學生如果正在學習放鬆技巧，可以對一個角色扮演的個案運用外星語言，從而進一步體驗到、感受到這個非語言、平行溝通的技巧如何有效。同樣的方法可以用來學習系統化的去敏感，或是學習催眠。

　　再次強調，在這個經驗式練習裡有個關鍵原則：一個深刻親身體驗可以勝過一個深刻頭腦理解。經驗式方法使人深刻地活在當下，可以強化鞏固理想目標的實現。

暖身練習 3

治療師要發展的狀態：帶著同理心同頻共振，以及學習體驗性評估的資源狀態。

形式：五到八人一組。

角色：一個人當投手，其他人是捕手。

練習方法：

投手用四、五句話來表達一個個人情緒和私人祕密，但是只動嘴巴不發出聲音，身體動作正常，姿勢正常，表情正常。投手不是像演啞劇一樣動作誇張。他嘴巴有在動，就像正常說話，但是不發出聲音。這個祕密可以是負面的，例如某件非常羞愧的事，也可以是正面的，例如一個深刻的親密感覺。這個祕密必須要帶有強烈的情緒反應。

捕手們要很專注，讓身體帶著同理心去同頻共振投手的情緒。捕手們要保持身體流動，持續移動身體，用自身的直覺反應來回饋投手肢體所表達的情緒。捕手們要克制自己用腦，不要過度用頭腦來分析投手是表達什麼樣情緒。捕手們的身體可以無縫接軌地呈現投手的感覺姿勢。這個情緒的同理心評估是透過捕手們的相對應身體姿勢呈現。

捕手們不需要直接看著投手的表情動作。他們運用間接眼神接觸或是眼角餘光就行，可以看著投手的膝蓋或是地板，或是一個較溫柔的眼神。當投手講完了他的祕密，就只在這個講完之際，捕手們就立刻凍結，變成雕像。捕手們要保持他們的特色雕像姿勢，所以投手可以好好檢視每個捕手的同理心，同頻共振雕像。團體成員也可以彼此觀看，參考一下別人是如何同頻共振，但是只是稍微看一下。捕手們的最後姿勢要撐久一點，且們不可以討論祕密背後的情緒是什麼。

然後再換一個人當投手，講個祕密，然後捕手們跟著投手的情緒「同頻共振」。在換手到另一個人之前的空檔，最好大家一起伸展身體活動一下——伸展一下，把之前的感覺抖掉，或是在教室裡走動一下等等。

變化題：

1. 說一個情緒故事，而不是祕密。

2. 兩人一組做練習。

3. 用外星語言說祕密，而不是動嘴唇。

4. 用一個音符的方式說祕密，如：「叭叭叭」、「嚕嚕嚕」、「哩哩哩」。

5. 捕手們可以猜測情緒，只能用一個詞猜。

6. 捕手們可以稍微模仿一下投手的動作，用來分辨內心深處的情緒是什麼。為了避免投手感到不自在，可以用三種方式：

   （1）在練習開始之前，團體帶領者私下教導模仿動作的技巧。

   （2）在模仿過程中比投手慢一秒鐘反應，延遲模仿。

（3）運用大概的動作來模糊模仿動作。（如果投手做一個打開雙手的動作，捕手們稍微打開他們的雙手。）

（4）在整個練習都做完之後，每個人分享一下他自己的同理心同頻狀態。「我知道我有達到同理心同頻共振，因為我_____」。「我知道我自己有同頻，當我_____」。可以運用狀態清單。

目的：發展一種隱藏的情緒共振／同理心同頻狀態。發展一個經驗式同理心。

態度：做治療師增能練習的最佳態度是，保持一顆遊戲玩耍、合作、不批判的心情和態度。

▌討論：暖身練習 3

　　所有的心理治療學派都要學習一個技巧：同理心同頻共振。在教條式培訓下，研究所的學生都要學習口語技巧，要清楚地展示他們對於個案的故事裡所潛藏的內心深處情緒有完整理解。帶有同理心的傾聽技巧可以是有效心理治療的起始點，也可以增加彼此關係的深度。但是，同理心也可以透過治療師本人的自然肢體表現，這會加深同理心成為經驗式的體驗，而不僅是口語上的同理。

　　傾聽只是偵測情緒的其中一種方法。有時候治療師的身體有某種程度的同理共振，會比治療師的頭腦認知理解來的多很多；它是一個深層情緒的有效偵測器。

　　在**暖身練習 3**，我們的重點是放在捕手的體驗，而不是投手身上。想像一個類似情境，在傳導的環境裡的兩只調頻音叉。如果我們敲擊其中一隻音叉，另外一隻音叉會同頻共振。捕手的任務就是作為一個接收頻率的音叉，允許他們的身體對於投手的情緒能量作出反應。

　　在我成為一個更優秀的治療師過程中，我的身體對於療癒時刻有更多的同頻共振體驗。當我跟某些個案工作，我發現自己很僵硬地坐著。這時我就覺察到，個案的敏感度是這麼的高，任何一點我的「不尋常」移動，都會破壞整個感受。這種個案可能有很多隱藏的關係要求，覺得治療師「應該」怎麼做、怎麼說、怎麼擺姿勢。通常的情況是，個案的問題越嚴重，他們會放更多的關係要求在治療師身上。

　　想像你自己是個生命教練或治療師。在某些時刻你可能身體往

前傾打開，手臂向外延伸掌心朝上。或者某些時刻你發現自己身體退縮，雙手緊緊交疊在胸前。在那些時刻發生了什麼事。導致你身體有這樣的反應？或許透過對自己身體更多的覺察，你可以把這部分順勢而為運用在達成目標上。透過檢視自己身體，你也可能對於個案的內心情境有個更深刻體驗與瞭解。

　　這個練習可以調整運用在治療情境裡（個人諮商、團體治療、家族治療），同理心的同頻共振對許多人而言很有幫助，譬如一個自戀型個案，或是一個冷漠的青少年。這也可以用在小孩子的治療團體，作為一個遊戲來教導同頻共振。

　　有些時候個案有個難以啟齒的祕密，很難開口對治療師說。這時我們可以運用**暖身練習** 3 裡只動嘴巴不發出聲音的方法（或者個案可以用外星語說這個祕密，或是只用一個音節來說話），如此一來滿足了個案猶豫不決的兩邊需求——需要把祕密講出來，也需要保守祕密。

　　這個練習還有另外一個實用性。口語表達同理心是有效能的，但這個技巧可以更加提升。一個動作（一個臉部表情或是一個姿勢）可以策略性地運用在溝通上，產生一個視覺效果，傳遞同理心的理解。動作更加經驗式和概念化，更勝於口語的同理心表達，也能產生更深刻的感受。動作是一種存在狀態，而不是一個口語反應。動作表現出「活靈活現的同理心」，或說是經驗式的同理心。任何心理治療學派，加上經驗式元素都會增強治療效果。用視覺方式來呈現治療方法會比口語評論更令人印象深刻。

暖身練習 4

治療師要發展的狀態：原始的模擬思考或是象徵性思考。

形式：團體（人數不限定），每個人給一支筆和一張紙。

練習方法：

每個人檢視自己內在作為治療師的最核心姿態／狀態。團體帶領者接著要求每個學員運用模擬描述他們自己治療師的角色。「作為一個治療師，你是什麼顏色？」「作為治療師，你覺得自己是什麼動物？」以下是一些模擬可以用的分類例子：

1. 顏色

2. 動物

3. 音樂

4. 年代

5. 氣候

6. 鞋子

7. 建築物

8. 食物

9. 植物

10. 汽車

學員們寫下他們各自的描述，不用跟團體裡其他人分享。

一旦大家都寫完，完成了這個練習，學員可以跟一個夥伴分享他們在創造模擬的過程中所感受到的核心現象元素，以及反思他們所處的狀態是什麼。

變化題：

1. 建立一個象徵性的基礎線。

2. 用來凝聚團隊向心力（參見練習討論）。

3. 創造模擬的解答，例如疼痛的問題。

4. 我們可以運用這個練習作為一個評估工具，個案可以描述：

（1）病症：如果你的病症是一種顏色，那它是什麼顏色？

（2）個人強項：如果你的個人強項是一種顏色，那它是什麼顏色？你跟愛人在一起最快樂時，你是什麼顏色？你在員工面前呈現最棒的自己時，你是什麼顏色？你如果存在在打高爾夫球的巔峰狀態時，你是什麼顏色？

（3）最親近的社交系統質量：如果你的家庭是一個顏色，那是什麼顏色？如果你的工作團隊是一種顏色，那是什麼顏色？

（4）家庭或社交系統裡的個別成員：如果你老公是一種顏色，他是什麼顏色？如果你老闆是一種顏色，他是什麼顏色？

（5）社交角色：作為一個老師、一個學生、一個父母親、等等，你是什麼顏色？

目的：發展一種「隱喻式」的狀態。

討論：暖身練習 4

這個練習看似簡單，其實一點都不簡單。在一開始無法立即看出它的深度，並且它提供了有用的重組排列。

為了建立一個象徵性的基礎以及改變的參考值，我會在心理治療培訓工作坊的課程開始時帶領這個練習。我要求學員在開始時做完這個練習，然後把這個練習徹底忘掉。在工作坊結束時，我會再次要求學員做這個練習，然後跟第一次練習做個比較。一個模擬上的改變可以幫助我們看到學員的具體成長。這個版本也可以運用在心理治療或是商業教練上。

我們也可以修改**暖身練習 4**，用來凝聚團隊向心力。團隊的每個成員可以寫下描述他們自己作為團隊成員的樣貌是什麼。團隊領導者可以收集每個人所寫的，然後用這個句子開頭，「哪一個團隊成員是＿＿＿＿？」把紙條上描述的內容讀出來，讓成員們猜猜看誰最符合這個描述。

我有用過這個練習的變化式跟慢性疼痛的個案工作。我一開始問個案用《主觀疼痛指數量表》（*Subjective Units of Distress Scale, SUDS*）來告訴我他的疼痛指數是多少，這個量表評分是從 0 分到 10 分，0 分表示完全不痛，10 分表示十分疼痛。個案可以報告兩個數值，一個數字是疼痛本身，另一個數字是疼痛所帶來的壓力和困擾指數（我有時候會反過來問他們放鬆的指數是多少）。我接著會邀請個案描述他們的疼痛模擬，用以下的類別來描述：顏色、植物、工具、盛水的容器。我可能會重複這個清單三次，期待個案每次說出來的模擬都是不一樣的東西。可能第一次個案會說以下的描

述：紅色、巨型仙人掌、大鐵鎚、橡木桶。而第三次模擬的描述可能有變化，可能是：橙色、帶刺的玫瑰花叢、半球形的鐵鎚、大水壺。大部分的個案在三次描述的過程中都會有些變化，或許是因為我對他們的期望，或許是因為運用模擬，或許是因為這個練習改變了他們的焦點注意力。然後，我會問個案，當他們進入催眠裡，想像一下一個裝著橙色液體的大水壺。在個案自己的想像中，個案可以用半球形的鐵鎚在大水壺邊上敲出一個小洞，讓橙色的液體慢慢流出。然後我們可以把一束玫瑰花放進大水壺裡。接著，我們運用《主觀疼痛指數量表》來瞭解個案當下的疼痛指數以及困擾指數（或是放鬆指數）。隱喻式的治療方法有時出人意料之外地有效。

作為一個評估工具，這個練習可以有數不盡的變化和套用模式，可以用來幫助我們建立和改變未來的治療計劃。最終，治療計劃是透過評估而展開的。我們可以在剛開始的治療會談裡運用這個練習，可以邀請個案運用模擬的方式描述問題或是個人強項。有這樣的清單在手，就可以幫助我們創造一個療癒的隱喻。

在夫妻伴侶治療裡，夫妻兩人可以運用模擬來描述自己以及另一半。這樣做的治療目的是為了增強夫妻雙方的連結。練習的指導語可以有些調整：當你感覺自己是最佳老公／老婆時，你會是什麼顏色／動物／對象？當你們兩人是最佳夫妻時，你們會是什麼顏色？這樣的模擬隱喻可以用在夫妻的每日生活談話裡，用一種好玩有趣的方式在家裡誘發出目標狀態：「如果妳現在更『綠色』一點，我會很感激很開心」。

在我教導治療師督導的工作坊裡，我會隨情境調整這個練習：作為一個最佳老師，你的顏色（或是其他參考類別）是什麼？作為

一個最佳學生，你的顏色（或是其他參考類別）是什麼？

　　我有一個關鍵理由來運用這個練習發展治療師的狀態。我們之前提到，隱喻可以用來強化情感衝擊，激發潛力。為了發展一個運用隱喻的狀態，治療師可以練習運用模擬作為開頭。隨著我作為一個治療師、老師的能力日趨成熟，我發現我的個案和學生們對於我運用模擬和隱喻的功力越來越強大感到很感激，因為我的對隱喻的運用為他們帶來經驗式的體驗。

暖身練習 5

治療師要發展的狀態：成為經驗式的。

形式：五到六人一組圍圈。

角色：每個人輪流當投手。

練習方法：每個人丟一隻鞋子到場中間，然後撿一隻別人的鞋子回來，試著穿上鞋子。每個人盡全力穿上這只別人的鞋子。每個人輪流講一下他們如何試著把這只鞋子穿上，以及為什麼要這樣做，就算這鞋子很明顯地不合腳。這個描述句應該有五到十句，開頭是這樣說，「我想透過＿＿＿＿＿＿盡全力穿上這只鞋子」，或是「我盡全力要穿上這只鞋子，因為＿＿＿＿＿＿」。

變化題：兩個人一組做這個練習。一個人角色扮演治療師，另一人角色扮演個案。治療師把一隻自己的鞋子給個案，個案用以上的方法試著穿鞋。在講完所有的原因和理由之後，治療師試著勸阻個案不要繼續徒勞無功。個案則繼續嘗試穿上鞋子，同時個案也繼續說明為什麼要這樣做。或許治療師可以用些經驗式的方法來斬斷個案無意義的行為。例如治療師可以無意義地重複拍打發出聲音，直到個案體會到他的行為是徒勞無益。或許治療師可以把個案的理由用溫柔的聲音反饋給個案。

目的：幫助個案體驗到他們經常掉進的煩惱和徒勞無功的泥沼。

討論：暖身練習 5

　　人們經常會用反覆無意義的行為模式來困擾自己，讓自己煩躁不安。初看之時，好像某些正向的結果正在發生，因為投入了這麼多行動，但是更進一步深究，就會發現沒有任何真實的改變持續出現。煩躁不安是一種消極行為，因為它解決不了任何問題，只會讓問題惡性循環下去。

　　當治療師試圖去解決這樣的問題行為時，可能會失敗。簡單、經驗性的練習會有幫助。徒勞無功的行為通常是用來維持問題模式繼續存在。如果個案（或治療師）公開地重述這個無效行為，加上一點點修正（譬如運用溫柔的聲音），通常改變就會自然發生。我曾經跟一個個案工作，她對於某個問題持續猶豫不決，然後我就開始拍打我的頭。個案看著我感到很困惑。我繼續敲打我的頭。我問她：「你知道為什麼我一直要拍打我的頭嗎？」當個案很好奇地問我，我回答：「我一直這樣做，一直拍打頭，因為……當我停下來的時候感覺很爽。」個案笑了……她領悟到她可以停止她的猶豫不決。一個經驗式的治療方法通常比直接質問個案更有效。

暖身練習 6

（燙手山芋）

治療師要發展的狀態：帶著好玩的心情學習模仿技巧，提升創造力。

形式：六到八人圍一個圓圈。

角色：每個人輪流擔任投手和捕手的角色。

練習方法：

第一個投手擺出一個手臂姿勢，呈現一個情緒、概念或狀態，保持這個動作幾秒鐘。這個動作可以是靜止的或是動態的。然後，第一個人把這個動作「拋出」給另一個成員，另一個人保持這動作幾秒鐘，好好感受一下。接著，第二個人做出一個新的手勢動作，拋給第三個人。接收的捕手必須要先維持投手的動作幾秒鐘，然後再作出新動作給下一個人。

這個練習要獲得最大效益，要按部就班進行。不像是小孩子在玩的「燙手山芋」遊戲，這個遊戲的目的不是快速本能反應，而是體會到不同的情緒和狀態。手勢越多變越好，不論是正向或負面的情緒和狀態都可以。試著用慢動作做這練習，這會加深手勢所帶出來的情緒力量和感受。

變化題：

1. 玩一個「表情球」。與其用手勢來表達，做一個臉部表情，呈現出一個情緒或狀態，然後把這個表情「拋給」下一個人。接收的捕手持續這個表情幾秒鐘，然後創造一個新的表情，然後再拋出給下一個人。持續這個過程。

2. 擺出身體姿勢呈現情緒，而不是手勢，傳接下去。

3. 呈現一個動態的情緒動作，並在小組裡傳遞下去，如：很感動地拍手鼓掌，或是示意某人靠近一些。

4. 在小組裡傳遞一個情緒聲音，如：啜泣、哀嚎等。

5. 傳遞象徵某個問題的動作姿勢。

6. 傳遞象徵某個資源的動作姿勢。

7. 小組長說一個情緒或狀態，投手擺出組長所說的情緒姿勢，「拋給」下一個人，下一個人變成投手。然後小組長再講一個情緒或狀態。

8. 在小組裡拋出一個想像的能量球，傳來傳去。盡可能保持單調枯燥乏味，不要有創造力。

目的：延展一個人的情緒表達狀態，體驗隱而未見的創造力。

討論：暖身練習 6

　　這個練習可用在學生或個案身上，用來強化情緒表達、好玩有趣，以及同理心的共振。當我們透過身體動作、表情、聲音或其他來呈現情緒時，這可以有效地訓練我們表達更深刻的同理心連結。這個練習可以用在團裡諮商或是家族治療裡，讓大家更參與投入。

　　治療師可以策略性地運用肢體動作、聲音、表情來表達情緒，進而產生深刻療效。與其建議個案要成為一個更果決的人，治療師可以擺出一個果決的動作姿勢，並說：「或許你可以這樣行動……」，藉以傳遞一個果決的身體訊息給對方。

　　創造力是人們互動的必然副產品。在第八個變化題裡，我們限制學員不可以使用創造力來產生經驗體現，而我們會發現，創造力是無法被限制的。

暖身練習 7

治療師要發展的狀態：運用模擬和生動隱喻。

形式：幾個小組，每一組圍成圓圈站著。

角色：每個人輪流扮演投手和捕手。

練習方法：

當一開始時，一個學員找出自己身體裡一個特定的地方，一個壓力最大的地方。第一個人，投手，指向身體某個感覺狀態最負面的地方，例如，憂鬱所在之處，焦慮不安，困惑或是消極所在之處。她指出這個地方，但是沒有說明這個狀態叫什麼名稱。下一步，她想像把這個負面狀態從她的身體裡拿出來，放在雙手掌心裡，描述它。投手可以用模擬的方式描述那個負面狀態的形狀、大小、顏色、力道強度等等。投手大概用五到十個詞來描述就可以。然後投手把這個負面狀態傳遞給下一個人，那個人是捕手。捕手把這個負面狀態捧在手心裡，花些時間好好感受一下，體驗一下。捕手接著很慎重地站起來，把這個負面狀態放在房間的某個角落裡。捕手接著成為下一個投手，練習繼續進行，直到所有學員都當過投手和捕手。

當所有學員都完成了這個練習，留些時間分享討論。討論學員

在這個練習當中所處狀態裡的現象——描繪他們的負面狀態，接收這些訊息，把它們放在房間的某個角落。

變化題：

1. 投手不把負面狀態拿出來放在手心裡，投手擺出一個動作（雕像姿勢），呈現那個負面狀態，用模擬的方式描述給團體成員聽，大概五到十個描述詞語，例如：「我的雕像很沉重，失去平衡，藍色的，粘粘糊糊的。」投手花些時間好好探索一下負面狀態的動作，然後再把描述句講出來。然後，右手邊的人模仿投手的負面狀態動作。這個人花些時間感受一下，再加上一些描述詞語，表達當他做出這個動作時所感受到的品質。

2. 投手提供跟團體人數一樣多的描述詞來描述負面狀態。投手接著把每個描述詞套用到每個團體成員身上，一人給一個描述詞，例如，如果投手第一個描述的負面狀態是「沉重」，那他告訴第一個團體成員：「你是沉重的」。那個團隊成員就讓自己進入一種沉重狀態，符合那個描述詞。我們要跟團體成員強調，那個負面描述詞是投手的，跟團體成員個人無關。

3. 有個變化題是兩人一組做這個練習：投手找到自己父親的一種負面狀態，然後從那個觀點進行這個練習。例如，投手把這個負面狀態放在手掌心裡，或是做一個身體雕像動作，描述它的細節，然後把這個傳遞給他的夥伴，也就是捕手。接著，投手做第二個負面狀態是關於自己母親的。然後兩人角色互換。

4. 團體學員們把萃取出來的負面狀態一個一個放在圓圈的中央，像是舉行一個慶典一樣。當完成這個練習時，學員們可以對於這個「負面狀態」共同建構一個想像的對象。或許是用想像力建構一個高塔，或是創造一個花園，或是一個博物館。

5. 學員們在移除那些描述詞之前，增強那個負面狀態的強度和力道，或許是戲劇化誇張的表演，或許是身體動作誇張，話語誇張等等。

6. 捕手們一開始假裝自己沒有能力去移除那個負面狀態。然後更誇張一點的演出，或許提供一些理由，為什麼他們沒有辦法移除這個負面狀態。

目的：為了體驗到一種善用比喻的狀態，象徵性的動作會增強個人體驗感受。

討論：暖身練習 7

　　我們是許多特質的綜合體，強項和弱點，資產和負債，正向和負向模式以及狀態。對於我們的缺點和弱點，我們可以有一個建設性的積極看法。一個問題在某個情境裡可能是困擾，在另一個情境裡可能是資源。一個當下的缺點，在過去可能是你的強項。缺點有些隱藏的美好特質，是我們可以運用的。問題本身帶有能量，我們可以創造性地運用這個能量。在創造改變之前，有時候我們要先承認並感激我們的缺陷。某些時候，我們可以透過更深入地體驗問題狀態，來激發改變的產生。人類本質上都是喜歡用象徵比喻的，象徵式的動作在人際互動裡非常重要。把一個你所感受到的問題誇張地表演出來（外化技巧），是一種激發改變的有效方法。外化技巧（敘事學派心理治療師常用的方法）需要透過體驗來達成目的。看到自己的問題被另一個人詮釋出來，通常對個人會有很大幫助。

　　這個練習其中一個版本是，首先象徵式地加強誇張演出。一個固定模式的任何改變都可能導致一個正向結果。如果我們可以讓一個問題更糟糕，那我們就有辦法讓一個問題變好些。在另一版本裡，我們把負面狀態的許多小元素都外化出來，把這些描述詞加到每個學員身上。把一個問題分解成許多可處理的小元素，這是一個非常有效的問題解決方法。

暖身練習 8

治療師要發展的狀態：精熟比喻性和象徵性的思考；發覺姿勢狀態的有效性；提升身體覺察；體驗細微改變的系統性效果；建立正向積極狀態。

形式：團體。每個人輪流當投手。

練習方法：

第一個投手擺出一個身體姿勢，用來呈現以下問題的答案：「作為一個治療師，當你處最佳狀態時，你是誰？」投手的動作或「雕像般的姿勢」可以是靜止的，或是動態的。投手想一個字或是一個詞，可以最佳描述這個姿勢的精髓。這個詞，是這個雕像的頭銜，要大聲告訴團體成員。投手要想像把這個頭銜放在雕像的某個地方，投手並且加以描述這個頭銜質量：「我的頭銜是放在我的頭頂上。是木頭刻印的字母，是漆成黑色的。字母是用楷書書寫而成，每個字母是五英吋高。」

接著，團體成員邀請投手改變雕像的一個小部分，使大家更強烈感受到雕像，例如，稍微提高一隻腳。團體成員應該交頭接耳、輕聲細語討論一番，再跟投手講每個動作改變。團體成員要邀請投手做一個最細微改變，而他們相信會產生最大化效果；他們試著要

做一個最小的改變，來強化投手的最佳狀態。當投手照做時，投手會指出這個動作改變是否會對頭銜產生重大影響。我們把頭銜的改變看成是狀態改變的徵兆。如果頭銜沒有改變，那團體成員就再次輕聲細語討論一番，給出一個細微動作改變建議。當雕像產生一個改變，同時頭銜也隨之改變，投手就可以記住這個新的姿勢動作，把這個新頭銜作為一個心錨，幫助自己進入理想狀態，可以在治療個案時派上用場。投手可以把新雕像的新頭銜告訴大家，同時描述新頭銜的特色：「我的新頭銜是十英吋高的草書，是用金子做的，現在放在我的正前方」。

當練習結束時，大家短暫討論一下獲得的新狀態和改變的過程。接著，下一個成員站到團體中間作為投手。

變化題：在個人諮商、團體諮商、夫妻治療、家族治療裡運用。在教練和督導的場景裡運用。

目的：讓學員處於一個既是系統化，又是隱喻化的狀態裡。

討論：暖身練習 8

　　在心理治療裡，我們會在夫妻治療或是家族治療裡運用這個練習，然後分享討論（有個治療上的用途存在）。在夫妻治療剛開始的階段，兩個人輪流創造一個雕像，呈現一個理想的親密關係。另一個做法是，每個伴侶分別呈現自己成為最佳伴侶時的理想自己的雕像。為這個雕像創造一個頭銜。他們接著跟治療師討論，他們如何讓這個雕像有最細微的進步。有些時候，最細微的進步可以產生最大化效果。一個小改變可以徹底翻轉整個系統。

　　接下來每次心理治療的過程當中，讓個案擺出他們的理想雕像動作，同時也帶出那個頭銜。另一種做法是，治療師策略性地擺出個案的理想雕像動作，讓個案用眼睛將那個畫面牢記在心。這個練習的演變發展是無窮無盡的，並且可以根據個人偏好和獨特情境而做修改。

暖身練習 9

治療師要發展的狀態：認出並改變狀態。

形式：兩人一組，每個人有筆和紙。

角色：一個是投手，一個是捕手。

練習方法：

投手給捕手十個真心的稱讚。捕手沉默地拒絕這些稱讚，並且對於每一個稱讚防衛心越來越重，越來越抗拒。捕手最終進入一個「很有敵意的狀態」。捕手可以透過動作、情緒、行為、聲音等等方式來表達敵意，最主要是用肢體操作表達。

接著，投手訪談捕手，詢問：「具體來說，你如何知道自己充滿敵意？」捕手的回答可以是透過行為、情緒、想法、象徵、感知、感覺、態度、動作、姿勢、聲音、語言的、能量的、關係的等等來表達。捕手可以在不同方面來回答，如：「什麼樣的具體行為讓你知道自己充滿敵意？你具體而言想些什麼？」投手可以寫下一個清單，大概列出五到十個關於敵意狀態的重要面向。捕手繼續保持在充滿敵意狀態。

運用這個清單，投手詢問捕手，如何進一步地移除這些描述：「你知道自己充滿敵意，因為你的雙手交疊在你的胸前。現在放開

你的雙手。你是否還充滿敵意？」如果這個敵意狀態持續存在，投手繼續努力，直到捕手移除所有線索，或者直到捕手回饋說他已經沒有敵意了。

接著角色互換，這次新的捕手接受所有的稱讚，進入一種自我肯定的狀態。重複同樣的步驟。

討論這些狀態，他們的組成元素，以及改變的過程。

變化題：

1. 投手邀請捕手依序地移除行為線索，而不是把它們寫在紙上。投手最好是從小小的請求開始，從那些最不相關的線索開始。投手接著朝比較重要的線索慢慢前進去移除線索。投手持續提出請求，直到捕手再也無法保持他的敵意，或是他的自尊心。

2. 投手做一個催眠引導，用同樣的過程：「具體來說，你如何知道自己在催眠狀態裡？」然後投手逐一移除線索。

3. 捕手透過回憶，而不是稱讚，回想很糟糕的負面回憶，進入一個充滿敵意的狀態。然後投手持續建議移除相關的元素，直到那個狀態再也無法維持。

4. 捕手在接收到稱讚時，可以用其他狀態響應，如：恐懼或憤怒。

5. 不使用稱讚，投手運用描述句，或是中性的觀察，如：「你的頭髮是棕色的。」「這個房間很溫暖。」捕手開始變得充滿敵意（或是成為自我肯定）。

目的：透過探索組成元素來感受狀態。一個狀態是由眾多元素組成，並非單一的。微小的改變可以產生一個系統性變化。

討論：暖身練習 9

這個練習是由一個催眠的學術研究發展而來，研究者從被催眠的對象身上，逐一移除催眠現象相關的元素，用來探討催眠的核心本質是什麼。

瞭解元素可以幫助我們進入喚醒狀態。我們可以把狀態看成是一種便利建構。我們把狀態看成單位，為了啟發性理解和溝通的目的，簡化一個複雜的元素組合。例如激勵的狀態、開放狀態、有信念的狀態，或是催眠狀態，都是多元面向的，由許多不同程度的元素組成，包括了想法、感覺、行為、感官、感知、專注力、態度、能量流動、事物面向、動作、姿勢、聲音特質、回憶、語言模式、情境背景以及關係特質。狀態，更多時候是流動的，而且會隨時間改變。

一個狀態可以由一些部分線索重新整合：獲取並體驗夠多元素到足以跨越門檻，狀態就會「自然發生」。試圖直接獲得理想狀態，通常比較費時費工。單一線索可以誘發一個狀態；然而，光有單一線索可能還不足夠。透過獲取足夠份量的線索，狀態就會「順其自然」地浮現。

情境本身可能就是一個夠好的線索，足以誘發狀態。當你踏進教堂或寺廟，你可能立即體驗到敬畏的感受。一個姿勢可能是一個足夠好的部分線索。稍微抬起你的頭，暴露喉嚨，你可能會感受到脆弱感覺。放慢速度，你可能感覺自己是深思熟慮的。聚焦注意力，你可能感覺可以迷倒眾生。模仿一下童年時期說話的聲音和方式，你可能感覺自己是頑皮的。深刻地回顧過去曾犯下的錯誤，你

可能感覺自己是個失敗者。身體跟另一個人靠近些，你可能感受到親密。

要從一個狀態裡面出來，有時候只需要改變單一元素就能達成。然而，更常見的是，我們必須跨越一個門檻：透過改變許多小元素，一個狀態最終就會失去它的完整性。

在某次課堂上的示範，我用身分地位這個概念來示範這個練習。全班同學都知道我身在一個具身分地位的狀態裡，因為我是老師。我請他們分辨出一些我之所以擁有老師地位的指標，我告訴他們我會一個一個地刪除這些指標。為了回應他們所分辨出的指標，我放下麥克風，閉嘴不說話，背向全班同學坐著，依照同學們的要求做任何合理的改變。最終，我再也無法保持在老師身分的狀態。在做過這個練習很多次之後，通常是當我被要求低下頭，把頭偏向一邊時，我就感覺失去了老師的地位。

但是有一個額外的改變會立即地影響到我保持老師地位的能力。其中一個學生很睿智地解釋說我之所以擁有地位，是因為課堂裡所有學生給我一個老師地位。當我要求學生不要再提供我地位，不要理會我，我的狀態就改變了；我再也無法保持老師地位。我用這個例子來說明系統化改變和情境改變的力量強大，是會直接影響狀態和概念的。

暖身練習 9 可以用在治療和督導裡。當你跟一個心智健全且睿智的個案工作時，你可以把這個過程用在治療裡。如果一個個案處於憂鬱或焦慮「狀態」時，詢問個案具體的描述，然後將這些元素逐一消除掉，就像我們在這個練習裡所做的一樣。或者是，給個案一個家庭作業，改變其中幾個元素。譬如，如果個案知道自己憂

鬱，是因為他在社交場合身體僵硬、表情僵硬，那我們就可以給他一個家庭作業，要他跟朋友相處時有更多面部表情、肢體動作。啟發性治療是創造最微小的改變，產生一個系統性影響，改變負面缺陷的狀態，誘發一個更有效正面的狀態。

這個練習可以用在伴侶諮商或家族治療裡。作為一個評估工具，讓家庭成員們彼此有個中性客觀的觀察，看看他們進入了什麼狀態。親密關係是非常地敏感且不穩定的，就算一個簡單的稱讚，或是無傷大雅的描述，都可能帶來大災難。

這個練習可以用在督導以及治療師發展上。與其把心理治療師這個專業看成一個社交角色，還不如把它看成一個狀態。在進入治療師的狀態之後，我們可以逐一地刪除或添加元素。運用這個技巧，我們可以更好地瞭解治療師的狀態，提升自己的專業能力。

暖身練習 10

治療師要發展的狀態：瞭解行為的不一致性，以及它們的影響。

形式：兩人一組。

角色：一個投手，一個捕手。

練習方法：

團體領袖告訴捕手們，在整個過程中盡全力進入一個催眠／放鬆狀態。然後請他們暫時離開房間，團體領袖再告訴投手們該怎麼做。

等到捕手們都回來了，投手做一個五分鐘的漸進式放鬆催眠引導。（另一個選擇：做一個積極的想像畫面，例如投手可以建議捕手們想像自己坐在海灘上，或是走在鄉間小路上。）

在捕手離開房間的那段時間裡，團體代言人給予投手們另一個額外的任務——阻止捕手們進入催眠狀態（或是體驗到想像畫面）。一旦當捕手閉上眼睛，投手就運用適當的催眠話語，但是不一致的身體動作。例如，如果投手在述說走下樓梯，他說可以改變說話的聲音語調，用提高八度的聲音說話。如果投手邀請捕手放慢呼吸的速度，投手可以不著痕跡地加快說話的速度等等。要不著痕

跡地運用不一致，這一點很重要。

一旦練習完成，雙方討論一下彼此體驗和感覺。

變化題：

1. 投手選擇一個具體技巧來完成這個阻礙任務，如：心不在焉、胡思亂想、變得健忘、猶豫、變得太驕傲、提供多餘不必要的稱讚（拍馬屁）、為了反對而反對過多探測別人隱私、挑釁別人、給太多建議。不要告訴捕手，阻礙任務是練習的一部分。最好是選一種具體的阻礙方法。投手要保持一致性，在催眠引導的過程中，逐漸增加阻礙的強度。

2. 投手找到他母親最常用的溝通阻礙策略技巧，然後依樣畫葫蘆。接著，下一回合是找到他父親的溝通阻礙技巧，重複一遍。

3. 投手做一個催眠引導，同時採取兩個角色：從兩個不同角色去阻礙過程，如：當模仿父親的溝通阻礙技巧時，身體向右傾斜；當模仿母親的溝通阻礙技巧時，身體向左傾斜。

4. 當捕手們離開房間時，偷偷告訴捕手們做一個細微小動作，如：輕輕地彈手指，或是很彆扭地微笑，當捕手在過程中覺得不舒服時就可以做這件事。

目的：體驗平行溝通的力量。

▋討論：暖身練習 10

治療師可以學習到，小小的不一致改變，可能影響整個結果。對於治療師而言至關重要的是，一致性地協調語言和非語言（肢體）訊息。

如果學員能夠找出阻礙溝通的方法，他們也可以找出避免阻礙溝通（甚至處理阻礙）的方法。這個練習跟**暖身練習** 1 很類似，但是更精細微妙。

討論：暖身練習

　　讓我們回顧一下一個概念，作為治療師是一種狀態，而不是一個社會化角色。暖身練習誘發狀態和概念，可以強化治療效果。他們也培養一種經驗式增能培訓系統所需的狀態。暖身練習誘發出來的狀態可以對治療師有很大幫助，不論你是新手還是老鳥。這本書的目的是從底層開始教導，透過親身體驗來學習，而不是從頂端向下教導，用頭腦認知來學習。

　　在研究院的訓練之下，充滿熱情的治療師成為熱切的聆聽者。他們學習要有同理心、保持好奇心、隨時支持個案、接納、真誠，還要教育個案。這些技巧是透過教條式方法習得（從上而下），然而，積極正向的治療師狀態，可以透過經驗式練習從下往上誘發。

　　以下是狀態和概念的清單，這些東西在臨床治療上和教練裡會很有幫助：

- 容忍無能。
- 成為頑皮的。
- 發展一種「經驗式」狀態。改變可以在當下發生。
- 透過體驗創造同理心。獲取並運用同頻共振。
- 有豐富的臉部情緒表達。
- 發展情緒的細微評估。
- 運用模擬、隱喻和象徵。

- 提升身體覺察，運用身體溝通，比如手勢和姿勢。

- 發揮創造力。

- 順暢流動地改變狀態。

- 做些細微的策略改變，產生滾雪球般影響。

- 瞭解和運用情境和系統變化。

- 建立正向積極面。

- 體驗手勢和表情的重要性，用來強化（或是弱化）一個訊息。

這個是經驗式目標的列表，也是暖身練習的精華所在。我個人發展這些練習的過程是：首先，找到一個全面狀態或概念；我們這裡以「優秀治療師」為例子。然後，創造經驗式練習，幫助溝通者獲取這個全面狀態或概念的核心元素。

不論讀者是否同意我的狀態清單，或是有效的治療師狀態特質，這個部分都是次要的。最重要的是體驗的過程。

我列出來的這十四個概念和狀態，把一個「治療師」的整體概念分解成許多小元素。在我的學派裡，我認為「治療師」是一種狀態。在治療的情境裡，其中一個學員進入這十四個元素當中的其中幾種狀態，而成為治療師。並不需要擁有所有十四種元素，只需要足夠其中幾種，就可以誘發治療師的狀態。「治療師」狀態可以透過將部分的線索重新整合，由底層向上發展而誘發出來。

這個治療模式的根本啟發意義是：不要治療大項目；而是處理小元素。治療師是一個大項目。治療師可以透過元素的啟動，由下而上被誘發出來。這個治療模式也可以用在處理問題上。譬如憂鬱的問題。憂鬱是一個大項目。當一個精神科醫師對病人診斷出憂鬱

症，通常在治療計劃裡就會用憂鬱症藥物治療。根據傳統精神科的方式，給予一個憂鬱症診斷，可以幫助精神科醫師決定適當的藥物治療，而這是專業上大家認同的標準醫療流程。

本身非精神科醫師的其他治療師，可能會採取不同的策略和治療方式，用一種社交心理建構方式，而不是醫學診斷評估。從社交建構的角度來看，憂鬱症可以看成是一個大項目，底下有許多元素以及次要狀態。把憂鬱症分解成次要狀態，這對於系統化、社會化的治療方法創造許多機會。我們可以把憂鬱症看成是一個系統，裡面有許多的元素包括：想法、感受、行為、態度、感知、感官、回憶以及關係模式。如此我們可以創造一個憂鬱症的現象地圖，我們可以把其中許多元素看成是無效的次要狀態。狀態清單可以用來創造問題狀態的「地圖」。

一個人可以認定自己有憂鬱症，因為他有：負面想法、悲傷情緒、無法採取行動、自怨自艾、內心裡鑽牛角尖、沒精打采、執著過去回憶、害怕與人接觸。有這張地圖在手，治療師可以創造情境，誘發一個深刻正向改變體驗。我們不需要處理所有元素，因為憂鬱症是一個系統，改變一或數個元素就會有整體正向改變。重要原則是：用最少量的元素改變，來創造最大化的系統正向影響。一個推論原則是從邊緣周遭開始，逐步向內在深處工作。從一些對個案來說無關緊要的元素開始，這些是更容易調整改變的元素。關鍵元素通常是很頑強、拒絕改變的。一旦我們有足夠數量的元素改變，就算他們是無關緊要的元素，個案可以「自發性」改變那個負面狀態。

譬如，如果自怨自艾是一個人憂鬱症的關鍵元素，或許最好

是從鑽牛角尖這個元素著手。這個目標可以在治療過程中進行，或是給予個案一個覺察練習的家庭作業，帶回家完成。例如艾瑞克森醫師就曾成功地給予一個憂鬱的女藝術家家庭作業。艾瑞克森指示她在生活裡尋找「一個鮮艷的色彩」。一個騎腳踏車的小男孩是一個鮮艷色彩；一隻飛越頭上的小鳥是一個鮮艷色彩；一根粗壯的樹幹，樹葉隨風搖擺，這也是一個鮮艷色彩。這位女士跟她的小孩一起玩尋找鮮艷色彩的遊戲，艾瑞克森說這個家庭作業幫助這個女藝術家發展出一個更色彩鮮艷的人生（憂鬱本身就像是一種灰暗顏色）。

簡單來說，一個人可以分解一個狀態，或許這個區分是隨意決定的。一個身分角色，像是做一個治療師，可以看成是一種狀態，因為如此一來，我們可以簡單分解，創造小元素，可以實際體驗到這些元素。像是憂鬱症這樣的問題，也可以被分解成小元素，然後透過策略思考和親身體驗被解決。目標，像是快樂，也可以用類似方法處理。快樂是一種狀態，由許多小元素組成。我甚至把這種方法運用在催眠引導上。我把催眠看成是元素的綜合症狀，而不是單一症狀。在創造一個催眠時，我會設定一連串的概念和狀態，邀請個案與這些元素互動玩耍。當個案可以刺激這些元素開始運作，催眠自然發生。一個催眠引導不會創造催眠狀態；啟動元素運作就能產生大的狀態改變。（關於進一步訊息，參考《催眠引導》這本書，〔Zeig, 2014〕）

對於經驗式增能培訓系統（按：本系統原名 Psychoaerobic，有心理的有氧操之意）有個適當隱喻是，健身房裡的特定健身器材，用來鍛練某些特定肌肉群。一個器材專門鍛練二頭肌；另一個器材

專門鍛練三頭肌。透過鍛練身體特定部位的肌肉，一個人會達成整體的強健體魄。在達成理想的身體狀態過程裡，個人可能會發現一個比較脆弱的身體部位。或許二頭肌比三頭肌來得更結實些。為了修正這個不平衡，我們可以做更多鍛練，促進三頭肌的健壯發展。

相似地，對某些學生而言，某些暖身練習可能很簡單，但是其他的可能很困難。那些你感覺困難的練習，或許需要加強鍛練，才會越來越熟練、健全。

現在，我們已經刻畫出經驗式增能培訓系統的輪廓概貌，下一段落將聚焦在米爾頓・艾瑞克森身上。再次提醒，我們運用模仿能力。我們要近距離檢視艾瑞克森的治療手法，特別關注在他職業生涯裡所發展出來的概念和狀態。我們將要透過經驗式練習來獲取並發展這些獨特狀態。

第三部

增能練習

（1-50）

所有智慧想法已經被思索千萬遍；但要讓這些智慧真正成為我們的財富，我們必須真誠地反覆思索，直到它在我們的親身體驗裡生根茁壯。

——歌德（Goethe）

簡介：增能練習 1 ~ 2

　　關於艾瑞克森和他的一個青少年兒子間有個趣聞軼事，故事的真實性介於真實和虛構之間，我們已經無從考究。一天下午，兒子來找艾瑞克森，跟他爸爸，也就是艾瑞克森醫師講了一系列有趣但彼此互不相關的故事。其中一個故事是跟家人出遊有關，另一個故事跟渡假有關，第三個的故事是一個孫子去拜訪他的祖父母。艾瑞克森醫師覺得這些故事非常有意思，但是在他兒子說完第三個故事之前，艾瑞克森打斷他：「不，我很抱歉，但我不能借你車子。」他接著溫柔地教導他的兒子說故事的藝術，解釋說，當他兒子在講故事時，兒子會無意識地在兩個故事裡都有提到車鑰匙，也講到車子開在馬路上。

　　我認為，在艾瑞克森的家庭裡長大，絕對是跟一般傳統家庭完全不一樣感受。我大力推崇他的兒子用艾瑞克森醫師的說故事風格，來傳達一個量身訂做的訊息給他老爸。他兒子，更進一步，是在練習引導導向——一種艾瑞克森治療風格的最重要狀態。

　　關於艾瑞克森治療的文獻記載，將他描述成一個間接治療的大師。但是，他其實是引導導向，我們可以把這個看成是一種狀態，一種在世界上存在的方式。從引導導向的狀態衍伸出來，間接治療其實是一系列的技巧，包括運用趣聞軼事和語言策略模式，包括真實句和假設立場句。（關於催眠語言，請參閱我的第一部曲《催眠

引導》〔2014〕）。我們要瞭解，狀態是技巧的老祖宗。引導導向是一種狀態。間接技巧是一種治療方法。艾瑞克森醫師在他的職業生涯裡創造許多種技巧，而大多數技巧是由他的引導導向狀態產生的。

為了讓大家更清楚地看見引導導向的概念，我們思考一下溝通的雙重層面本質。每一個話語訊息，在社交層面和心理層面都有不同意義（Berne, 1972）。溝通同時是傳達字面意義，以及傳遞體驗感受。調情就是一個例子。我們思考一下心理感受的意義層面，當一個男人對他的約會對象說：「妳是否想到我的住處，參觀一下我的版畫收藏呢？」很顯然，參觀藝術並不是最終目標。人類既然是雙層次溝通的高手，接受者通常自然地會對隱藏的意義作出回應，人們善於猜測推論。人類的原始語言，與動物的溝通策略，都是奠基於預設立場的隱含意義。象徵性口語文字也是根源於此。

人類溝通同時是傳遞訊息，又喚醒體驗感受。雖然科學家是透過提供事實來溝通，但同時也植入或散播概念。儘管藝術家把概念當作主要舞台，事實依然存在於背景布幕裡。

在催眠文獻裡，有數不清的相異對立研究，探討到底是直接催眠還是間接暗示比較有效。有些時候，直接而直白呈現的訊息比較有效，例如科學教育。其他的溝通最好使用引導導向的方式呈現。藝術表達的主軸總是在弦外之音。藝術家用概念化的方式，如抽象、隱喻和去穩定化，來造成引導導向的經驗效果。音樂家不會向聽眾解釋他們應該感受到什麼。畫家不會告訴觀眾如何瞭解他們的藝術。詩人不會批注他們的隱喻。電影導演不會向觀眾解釋劇情的高低起伏、曲折變化在哪裡。相反地，他們用一種策略性的方式，

在電影裡埋下伏筆，這種假設立場的機制，稱之為「伏筆和照應」（setup and payoff）。

電影裡經典的伏筆與照應技巧，是用來創造一個跟劇情有關的線索，通常是在剛開場，或是電影前半段。如果你有看過電影《綠野仙蹤》（The Wizard of Oz），你就有體驗過電影裡引導導向的技巧。在電影開場，桃樂絲遇見三個農田裡的工人，一個抓到她的狗的忙碌身體，以及一個到處叫賣的攤販商人。從這裡面，我們預先看到了稻草人、鐵皮人、獅子、女巫以及巫師的奇特人格出現，他們在桃樂絲的白日夢裡被誇大地呈現。引導導向的伏筆和照應技巧會產生預期效果：觀眾對於主題概念產生極大興趣，這是被誘發出來的，而不是被告知的。直接、過於直白的方法就不會喚醒我們想要的反應。

我運用藝術作為一個解釋工具，同時帶有策略意圖。我們大多數人在社交生活過程中發展出一個副產品，就是媒體表達能力和藝術表達能力。人類生理上的演化設計，讓我們可以直接立即地抓住藝術的感覺，而推論能力就是一個重要根基。

藝術是喚醒感受的，而不是傳遞知識的。當溝通的目的是為了誘發概念和狀態的體驗，而不是提供訊息時，我們就應該運用藝術家般的引導導向。運用藝術家風格的溝通技巧，這不是新鮮事，也不是奇怪的事。我們都很熟悉這些技巧方法。喚醒式的概念溝通是運用你已經知道的事實：把一個領域的技巧，透過策略性方法運用在另一個領域裡。萃取藝術的精華，當你想要誘發一個情感體驗感受時，把這個風格運用在談話當中。

增能練習 1 和 2 是設計來誘發兩個基本狀態：引導導向（一

種禮物包裝的形式）和同頻共振（一種「拆開禮物」的形式）。投手探索引導導向的狀態；捕手就探索同頻共振的狀態。不要試圖用頭腦認知的方式去瞭解投手的方法策略，捕手允許自己的身體與投手的表達同頻共振。**暖身練習 3** 是設計來練習保持同頻共振的狀態，作為**增能練習 1 和 2** 的準備工作。還記得我們提到一個比喻，共振的音叉嗎？投手建立一個頻率振動，就好像投射出一個震動的音叉，捕手允許一個反應「自然發生」。同頻共振是一種狀態，對於溝通隱含意義的直覺細微反應。

為了最好地喚醒學員的理想狀態，我們有一些限制規則。我們要移除你的強項，如此一來，那些沉睡的潛力才能被激發運用。這個技巧就好像是治療小孩子的弱視，或是治療中風病人的缺陷。我們限制學員，不能使用強項，才能讓那些不足的功能可以好好發展。我們會把小孩子的好眼睛遮起來，因此弱視的那隻眼睛可以變得更加強壯；我們會限制中風病人去使用健全的手腳，因此那些不能動的手腳會逐漸增加力量和協調性。相同地，在以下幾個練習，我們限制投手，只能用單一語調說話，並且不能使用肢體動作，引導導向的菁華可以因此被實際體驗到。就算有這些限制，那個隱藏的訊息依然可以刺激捕手產生反應。我們會限制捕手，為了盡可能地體驗同頻共振的感受，不可以用口語表達。

增能練習 1 和 2，是艾瑞克森醫師創造高階的喚醒式治療溝通技巧的基礎練習。高階的治療技巧包括，說故事的能力，運用隱喻的能力，以及多層次溝通技巧。（Erickson, 1964/2008a）

增能練習 1

建議：在練習完成之後再發給學員講義

治療師要發展的狀態：引導導向和同頻共振。

形式：兩人一組，捕手要準備紙和筆。

角色：一個捕手，一個投手。最好是捕手和投手互相不認識。不需要角色交換，我們會在**練習 2** 交換角色。

練習方法：

捕手問投手五個簡單問題，投手可以回答「是」、「不是」、「有時候」。舉個例子：「你喜歡看動作片嗎？」這些問題不要有太過明顯的答案，如「你是不是女生？」這種。在練習開始之前，把這五個問題寫下來，有兩個原因：練習會進行地更加流暢，我們可以更好保持聚焦在目標狀態上。

投手（處於引導導向狀態）必須用一種受限制的方式回答這些問題。投手會用一種緩慢的、刻意的單一語調，用一種「催眠」的聲音，描述一個簡短故事（最多三分鐘），是代表了「是」、「不是」，或是「有時候」。故事不用太深奧或太複雜。故事的內容可以是簡單的，經常聽到的，譬如可能在講一個早餐的故事。故事的主題不應該暗示任何想溝通的訊息，這可能導致捕手可以猜到答案是「是」、「不是」，或是「有時候」（心理層面的訊息）。如果

故事內容太過華麗或太過黑暗，捕手可以使用頭腦認知去分辨出隱藏的答案是什麼。投手要盡量保持臉部表情和身體動作不變，當他們在說故事時，避免透過臉部表情或肢體動作洩漏答案。

捕手（讓自己處於同頻共振狀態）是一個被動的接收者。他可以用一種「柔和眼神」看著投手，進入一種同頻共振狀態，或是拆開禮物的狀態。捕手讓自己的身體盡量打開去感受，暫時關閉左半腦的分析能力。

投手在說故事時，必須小心謹慎地看著捕手。投手要想辦法抓到捕手的肢體細微線索——捕手在聽故事時是否微微地點頭還是搖頭？捕手身體是否向前靠或是向後退？投手要持續講故事，直到他發現捕手有明顯的肢體反應。當有足夠的線索可以指出一個答案是「是」、「不是」或「有時候」，投手就可以停止說故事，然後請捕手提出下一個問題。答案是否「正確」並不重要——多練習就會越來越好。更重要的是，注意到任何明顯的線索，一種從心理層面來的線索反應。

團體領袖最好先為大家示範這個練習怎樣進行。

在練習結束後，投手描述一下他體驗到的引導導向狀態是什麼，就算只是短暫片刻的體驗，然後捕手描述一下他的「拆開禮物」狀態，一種同頻共振狀態。我們可以運用狀態清單來協助。學員們最好是找到一或兩個現象描述，可以在未來要進入引導導向狀態時隨手可用。例如投手可以說：「我知道我在引導導向的狀態，因為我眼神聚焦專注。」捕手和投手可以互相給彼此回饋，用來加深標記進入狀態的元素，如：捕手可以說：「我發現當你在引導導向狀態時，你說話速度慢了下來。」投手也可以回饋說：「當你在

你的拆開禮物狀態時，你的頭稍微向右傾斜。」

找到故事的「正確」答案並不是這個練習的重點。我們在此的目的是要搞清楚狀態是什麼，而不是要立即精巧熟練地誘發心理層面的反應訊息。

變化題：

1. 用喃喃自語的方式說故事，一種沒人聽得懂的話語，或是只發出一個聲音，如「吧」或是「噠」。不論是哪種方式，投手要自然地說故事，自然地運用聲音和動作。避免過度誇張演出。

2. 捕手問一個問題，然後閉上眼睛，專心聆聽故事，投手可以自由使用身體動作和臉部表情。

3. 對於兩個不同問題，採用同一個故事回答——一個回答是代表「是」，另一個回答是代表「不是」。

4. 兩人角色互換，重複這個練習（最好是先完成**練習2**）。

目的：捕手體驗到萃取意義是一種什麼狀態（如：進入同頻共振狀態），投手體驗到建構並傳送隱藏的訊息是一種什麼狀態（如：進入「引導導向」狀態，傳遞一個心理層面的訊息）。

注意：就像任何經驗式練習，學員可以自由決定是否參與練習。

增能練習 2

建議：在練習完成之後再發給學員講義

治療師要發展的狀態： 引導導向；同頻共振。

形式： 兩人一組。

角色： 維持與**練習** 1 同一位夥伴，但是角色互換。

練習方法：

這個練習有兩個條件：條件 A 和條件 B。條件 A 會包含負面的情緒和狀態，條件 B 會包含正向的情緒和狀態。整體來說，有四個描述詞：兩個與條件 A 有關（負面情緒），兩個與條件 B 有關（正向情緒）。投手的表達順序是隨機的，因此捕手無法猜測說投手所表達的到底是正向的還是負面的。

條件 A：投手描述一個物件，一開始先跟捕手說這個物件的名稱，或許投手要描述一個網球拍，但是在他的描述當中，投手隱藏地溝通一個負面狀態或情緒，如憤怒、生氣、敵意、哀傷、受傷、恐懼、罪惡感、丟臉羞愧、哀吊、孤單寂寞、困惑、脆弱、害羞或是憂鬱。投手可以描述對象的細節，並且隱密地、緩慢地增加那個負面情緒或狀態，同時也觀察捕手的同頻共振狀態。在第二回合，可以使用同一個物件（或是換一個新的物件），但是隱密表達不一樣的情緒或狀態。

條件 B：投手描述另一個物件，或許是一杯水，然後溝通一個正向情緒或狀態，如：驚喜、熱情、愛、感動、景仰、自我尊重、興奮、有趣、放鬆、平靜、有自信、快樂、信任、希望、激勵，或是夢想期待。在第二回合，使用同樣的物件（或是不一樣物件），但是隱藏溝通另一個正向情緒。

與**練習 1**類似，投手的描述應該用一種緩慢地、平緩音調、一種「催眠」似的聲音進行，同時保持與捕手的眼神接觸。投手要限制自己的動作和表情，逐漸增加正向情緒的感覺傳遞。當投手發現目標情緒已經被傳遞感受到，投手就可以停止描述。例如，可能是捕手眼神或嘴巴的細微變化，一種情緒或狀態的細微表情。

捕手要保持同頻共振，允許自己感受、體驗到投手「投出」的情緒或狀態。為了達到這個目標，捕手可以保持一個柔和眼神。

在練習結束後，投手和捕手討論分享彼此感受到對於隱藏訊息的引導導向以及同頻共振狀態有些什麼線索。彼此給對方有幫助的回饋，告訴對方當他／她在引導導向或是拆開禮物的狀態時，最有效的部分是什麼，對方看起來像是什麼樣貌。核心的線索可以作為未來獲取類似狀態的一個心錨，隨時可取用。

變化題：

1. 我們可以請捕手暫時離開房間，我們私下給投手們一個任務。不要告訴捕手們，隱藏在物件描述的背後有一種情緒存在。

2. 捕手在過程中閉上眼睛，專心聆聽，同時投手可以運用身體動作和姿勢來強化表達，但是要限制自己聲音的表達變化。

3. 投手描述同一個物件，譬如網球拍，在第一回合時隱藏一個

正向情緒，在第二回合時隱藏一個負面情緒。

4. 學員角色互換，重複這個練習（要先完成**增能練習 1**）。

家庭作業：當你與朋友吃午餐時，試著透過隱密地使用姿勢、動作或是聲音變化誘發一個情緒。

目的：捕手體驗到誘發意義是一種什麼狀態（如：進入同頻共振的「拆開禮物」狀態），投手體驗到建構並傳送隱藏訊息是一種什麼狀態（如：進入「引導導向」狀態，傳遞一個心理層面的訊息）。

討論：增能練習 1 和 2

我們思考一下**練習 1**和**練習 2**的差異。在**練習 1**，投手進入一個故事、想法。在**練習 2**，投手進入一種情緒。這兩個引導導向的元素建構了艾瑞克森醫師最重要的天才治療技巧之一——多層次溝通技巧（Erickson, 1966/2008a）。多層次溝通技巧是一種連結技巧。相反地，艾瑞克森另一個對世界重要貢獻，困惑技巧（Erickson, 1964/2008b），是一種解離技巧。連結技巧和解離技巧可以前後呼應運用，就好像和諧音和不和諧音可以在一個樂曲裡交替使用。

多層次溝通技巧是在一個艾瑞克森最著名的案例裡被發現：喬和番茄樹。喬，是一個園丁，他被診斷出是癌症末期，所有的藥物治療都無法幫助他減輕疼痛。艾瑞克森被邀請到醫院去醫治他。以下是艾瑞克森醫生對喬所說的催眠引導節錄（注意：粗體字是用來標示多層次催眠溝通的技巧，儘管語氣有些修改）：

我將會對你說許多事情，但這跟花朵一點關係都沒有，因為你比我更瞭解花朵。這不是你想要的。現在當我說話的時候，我可以這麼輕鬆地說話，我希望你也能夠這麼輕鬆地聽我說話，當我提到一棵番茄樹時。談論這件事情很奇怪。或許會讓人很好奇，**為什麼要談論一棵番茄樹**？一個人把一個番茄種子種在土裡。一個人可以**懷著希望**，有一天它會長成一棵番茄樹，會帶來令人滿意的果實。這個種子吸收水分。**做這件事不太困難，因為雨水帶來平靜和舒服**……你可以聽我這樣說，喬，因此我會繼續說話，**你可以繼續聆**

聽，感到好奇，就只是好奇，你到底可以學到什麼……（pp.105）

在這個獨特案例，艾瑞克森醫師描述一個物件。在社交層面，他談論一棵蕃茄樹。在心理層面，他多層次溝通治療的暗示。從我個人與艾瑞克森相處的經驗來看，我會說那些粗體字所描述的治療概念可能是用特定語氣說出來，一種較柔和、更精微的方式，凸顯出多層次溝通所要傳達的訊息。因此，那個噪音，那個表面的概念（談論番茄樹），會淡化、退回到背景裡。粗體字所描述的概念，也可能是透過速度的細微變化，或是艾瑞克森說話聲音的方向而被誘發。

艾瑞克森醫師運用平行溝通。想當然爾，討論蕃茄樹並不是談話的重點。治療訊息（在這個案例，減輕疼痛）用一種平行的方式呈現。他在引導喬回想起過去回憶和想法，設置一系列的聯想動作，來減輕疼痛的感受，同時，喬在心理層面也受啟發，在艾瑞克森的談話裡尋找個人意義。

催眠引導通常是透過心理層面的溝通而被創造出來。在社交層面，催眠師可能談論走在沙灘上，但在心理層面，他可能意味著：你可以改變你的注意力；改變你體驗的強度、解離，對於我溝通的含義作出反應。（關於催眠引導，請參見薩德 2014 年著作）。再次強調，催眠引導不會創造催眠狀態。引導導向元素會誘發催眠狀態。

在催眠或是非關催眠的心理治療裡使用隱喻，會產生類似於多層次溝通的效果。隱喻本身是平行溝通的，提供一個情境與個案討論如何克服障礙或是跨越問題。或許治療師在表面層次談論走在山

間小徑，遇見一個有智慧的女人，她提供最佳建議。在隱喻裡的次要情境以及隱藏訊息，會引導個案朝向療癒的方向前進。

增能練習 1 和 2 是設計來幫助學生發展狀態，學習催眠引導的基礎，並學會在心理治療裡使用心理層面溝通方法作為治療工具。再次強調，你需要反覆鍛練這些練習，發展出理想的引導導向狀態。在有效的心理治療裡，治療師可以引導到一個想法、一個感覺、一個行為等等。這些累積的效果是用來誘發正向積極的連結，喚醒個案潛能，在概念、狀態和身分認同上創造最佳改變。隱藏的含義帶有強大力量，可以創造療癒。

我發現一件事很有趣，米爾頓‧艾瑞克森是第一個運用心理層面溝通價值，來作為治療主軸的治療師。事實上，他把他的催眠治療以及心理治療圍繞在深層溝通意義周遭。我們要記得，在社會心理學成為當代科學潮流之前，他已經是一個社會心理學家。社會心理學研究影響效果，如：促發效應、社交模仿、歸因、需求特質情緒感染，不注意視盲（inattentional blindness）以及服從權威。所有這些影響效果都是奠基於心理層面的人性反應，沒有真正瞭解到他們對於細微線索的反應預設了行為反應。我不相信艾瑞克森醫師預先設想了間接溝通的機制，儘管事後證明，他可以描述他每個時刻的起心動念。相反地，我相信他在他的身體記憶裡發展出一種引導導向狀態。從那個狀態，技巧油然而生，造成的結果是間接溝通、隱喻和多層次溝通技巧。

簡介：增能練習 3 ~ 12

真實的探索發現不是找到新大陸，而是帶著全新眼光去看世界。

—— 馬塞爾・普魯斯特（Marcel Proust）

增能練習 3-12 介紹一個全新的治療狀態。讓我用一個故事作為開場。或許這個故事就只是個無關緊要的故事；然而故事的主題對於介紹接下來的練習，以及發展相對應的狀態很有幫助。

艾瑞克森被公認是歷史上敏銳觀察力最強的治療師之一。有許多關於他如何分辨並有效地運用個案行為細節的傳奇故事。偉大的人類學家，雷蒙・伯德威斯特爾（Raymond Birdwhistell）發明了關於身體動作和表達，以及他們相關的非語言暗示的人體動作學。伯德威斯特爾從學術研究的角度瞭解非語言行為，他的觀點也是舉世聞名的。

在一九六〇年代，當艾瑞克森在費城演講，艾瑞克森和伯德威斯特爾在伯德威斯特爾家中碰面。在這次會面時，艾瑞克森醫師看見一個他想要的木雕，因此他很小心不透露任何明顯線索給伯德威斯特爾。當艾瑞克森醫師要離開時，伯德威斯特爾感謝他的拜訪，並且說，「當然，你可以擁有那個木雕。」儘管艾瑞克森試著去隱藏他對那個木雕的渴望，卻已經有足夠線索給伯德威斯特爾這樣的

觀察大師去分辨出來。

　　儘管要跟上這兩位大師的步伐是很困難的，我們還是有可能進步。這個提問是，我們該怎樣做？當談論到要面對新個案時，艾瑞克森醫師說「我會打開我的凝神注視。」用狀態的話語來說，艾瑞克森醫師進入一種敏銳度狀態，也就是我們接下來要練習的狀態。

　　有些人說，愛永遠不夠；有些人說，金錢永遠不夠。至於心理治療所在乎的是，敏銳度永遠不夠。敏銳度是你一輩子可以不停發展的東西，持續做敏銳度練習會提升大腦裡「敏銳度」所在的神經元細胞。提升分辨能力在生活的各個層面都是不可或缺的。一開始，我們要瞭解敏銳度並不是單一現象。

　　敏銳度是一個便利建構；人們用來簡化溝通。要提升敏銳度，瞭解元素的次要狀態很重要。以下的練習是設計來強化敏銳度次要狀態。我們回到那個在健身房鍛練的例子。每個健身器材是設計來鍛練某些特定肌肉群，讓它們因此變強壯。這取決於你每天給自己設定的鍛練項目，以及前一次的鍛練項目，不同的肌肉群會開始比另一些肌肉群更強壯。每個人的天生體魄不同，有些肌肉因為天生發展潛力較大，因此比較容易鍛練。要達成整體強健體魄，要花更多時間鍛練那些比較虛弱的肌肉，並監督自己的進度。相同地，我們接下來也要提供一些「練習」來鍛練敏銳度的元素。

　　練習 3 包括了一系列不同面向的元素。你需要聚焦在講義上的某個特定地方。當你讀了講義，體驗了每個部分，跟著就是我們理想元素的描述。要獲得最多收穫，每個部分花點時間，思考一下這個練習要幫助你發展的狀態是什麼。**練習** 3 需要自己一個人安靜的完成，但是在練習結束後，團體大家一起討論會更有效率。

增能練習 3

建議：在練習完成之後再發給學員講義

治療師要發展的狀態：敏銳度：體驗到感知的心理決定因素。

形式：講義。

角色：每個學員各自獨立做練習。

練習方法：團體領導請觀察者讀以下的字句。

Hithere.

Loveisnowhere.

Theytoldhimtobeatthefrontdoor.

DOCTOR RAKES LEAVES AFTER MEETING.

Would you rather have an elephant eat you or a gorilla?

Woman without her man would be nothing.

在以下的詞句裡，有多少個字母「F」出現？

Finished files are the
result of years of scientific
study combined with the
experience of many years.

讀一遍三角形裡的文字。

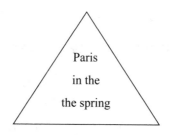

Paris
in the
the spring

以下的句子是倒過來寫的。把這個句子從右邊讀到左邊。

「.rat eat saw tac ehT」

讀以下的句子六遍，每次讀都要找到不同的意義。

I never said he stole money.（我從來沒說過他有偷錢。）

討論：增能練習 3

第一部分有六句話，這些句子是模糊的案例。前面三句話可以用兩種方式閱讀——第一種方式，更有熱情的方式，第二種方式，更有攻擊性方式。譬如，第一句話可以讀成「哈囉，你好」（hi there），或是「打這裡」（hit here）。第二句話的兩種讀法：「愛就在當下」（Love is now here），或是「到處都沒有愛」（Love is nowhere）。第三句話的兩種讀法：「他們告訴他去前門等著」（They told him to be at the front door），或是「他們告訴他去用力敲打前門」（They told him to beat the front door）。

第四句話，開頭是「DOCTOR RAKES」，這是一種模糊形式。取決於你如何看 RAKES 這個字，這到底是人名「瑞克斯」（Rakes），還是一個動詞「掃視一遍」（rakes）？第五句話也有兩種理解方式。花些時間去發現這兩種含義是什麼。（解答：1.「你是希望大象吃掉你，還是吃掉怪獸？」2.「你是希望大象吃掉你，還是怪獸吃掉你？」）

第六句話是一個關於性別的模糊說法。取決於逗號放在哪裡，會產生兩種不同意義。（1.「女人，如果沒有她的男人，就什麼也不是。」〔Woman, without her man, would be nothing.〕2.「要是沒有女人，男人就什麼都不是。」〔Woman, without her, man would be nothing.〕）

我們很容易讀錯三角形底下的倒著讀的句子。人們有個需求是，希望事物照著我們預設的理解和想像來進行，因此我們可能扭曲事實來配合我們的預設立場。從一開始我們就沒有理由相信這個

句子是有意義的，但是我們總是覺得句子應該有意義，所以我們可能想辦法扭曲還原句子，想要找到合理的意義。

我想到心理治療領域有些扭曲事實的例子。我們的判斷和感知是受到我們所屬治療學派的影響。譬如，當我研究人際溝通分析學派並且成為一個合格治療師時，人際溝通分析學派的理論總是會讓我想到自我狀態、騙局、存在位置、遊戲和劇本等等。當我研究格式塔完形學派時，我聚焦在投射上；當我研究心理動力學派時，我看見移情。每個治療學派都會在忠實粉絲的眼睛上刻印一個濾鏡——這個濾鏡既是聚焦、同時也會產生扭曲。

上一頁的最後一句話：「我從來沒說過他有偷錢」，可以有六種不同解讀，取決於你的重點是放在哪個詞上面。小小改變可以導致截然不同的意義。

我通常在**練習**3開始時會邀請學生安靜地讀三角形裡面的話語。我找一個學生，邀請他去讀三角形裡的話語，「春天在巴黎」（Paris in the spring）。我會邀請那個學生站起來讀，所以大家都可以看到他。我解釋給他聽，這句話不是說，「春天在巴黎」（Paris in the spring）。我請這個學生一個字一個字大聲讀出來，直到他豁然開朗，原來這句話是這樣讀——「春天在在巴黎（Paris in the the spring）」。突然間，學生有個「頓悟」體驗。我解釋說這個「頓悟」體驗時刻是經驗式技巧的結果。這種頓悟體驗在治療裡會帶來改變力量……在生活裡也是。

接下來，我可能會問學生看著那個長方形，安靜地數著字母「F」總共出現多少次。我可能會請某個認為F出現三次的學生站起來，一個字母一個字母地大聲念出來，用來強化那個「頓悟」時

刻。三角形和長方形都證實了頭腦有個傾向，我們會忽略情境裡重複出現的東西。頭腦是一個失衡的偵測器，設計來發現任何情境裡的偏差物件。在一個靜止不動的場域裡，我們會注意到在移動的東西；而那些靜止不動的東西可能會被我們忽略掉。在一列都很高的人群裡，一個身材矮小的人很快備受注意，而那些高的人，可能被忽略。我們人類的生物演化過程裡有個功能是，在感知上刪除那些穩定狀態的訊息。透過忽略那些看起來不起眼的東西，頭腦就節省能量。例如汽車的引擎聲音就是最常被忽略的，因為它是多餘的。然而，治療師要注意到那些多餘的部分，因為它們通常是關鍵鑰匙，用來打開積極正向的大門。

我在治療上曾經用過**練習 3** 來幫助個案有深刻體驗。譬如，如果「否認事實」是問題的一部分，我可能會請個案看一下三角形和長方形。我想要個案體驗到一個概念是，有時候我們會忽略明顯的事實。再次強調，我的起心動念是創造誘發的點，而不是把這些點連起來。

在這個簡單練習裡，有四個敏銳度的次要狀態：

1. 注意到多餘的部分。

2. 理解並運用模糊的概念。

3. 學會用初學者的觀點來看。看見實際存在的東西，就算它與我們頭腦預設的不一樣。

4. 看見小小的變化，可以改變整個意義。

下一個練習是交互式，我們會討論另一個次要狀態：對細節的視覺敏銳度。

增能練習 4

建議：在練習完成之後再發給學員講義

治療師要發展的狀態：對於細節的視覺敏銳度。

形式：兩人一組。

角色：一個投手，一個捕手。

練習方法：

投手和捕手面對面坐著。捕手進入一個敏銳度狀態，詳細檢視、端詳並且「牢記」投手身上所有細節。捕手閉上眼睛。接著投手做三個外表上的改變，也許是把衣領拉起來，把皮帶拿掉，或是弄亂頭髮。投手告訴捕手可以睜開眼睛了，然後捕手試著找到這三個改變是什麼。

團體領袖告訴捕手們：「讓你的眼睛發現這些改變。你的眼睛可能在你預想改變會是什麼之前，就已經發現改變了。信任你的眼睛所看到的。你的眼睛可能透過無意識來帶領你發現改變」。

捕手要找到屬於自己「打開你的凝神注視」的這樣一個「狀態」。如果你總是聚焦在凡事都要第一，這樣的概念上，這可能會阻礙你發展理想狀態。這個練習不是一個競賽，不要老想著輸贏。

投手和捕手角色互換。

變化題：

1. 兩個人看清楚彼此身上細節，同時轉身背向彼此，同時做出三個改變，轉回身再互相猜測改變。

2. 在做完一回合練習之後，找到新的夥伴，重複這個練習。

3. 投手做出三個動作和姿勢的改變。

4. 投手改變所在環境的三個物件擺設或是位置。

目的：捕手學會分辨出聚焦視覺細節是怎樣的感受體驗，如：具體的敏銳度狀態細節是什麼。「更加具體說明」你怎麼知道自己處於一個「凝神注視的狀態」？思考一下你是透過什麼「心錨」進入敏銳度狀態，以後就可以隨時取用。

應用：在疏離的伴侶或是家庭成員上使用。當親密伴侶或是家庭成員沒有「真正看見」彼此時，可以運用這個練習。在凝聚團隊向心力，或是破冰情境裡，或是組織發展的培訓裡也可以做這個練習。

這練習是從斐歐拉‧史堡林的《即興戲劇》以及凱普林的《叢林書》（*The Jungle Book*）裡延伸而來。

討論：增能練習 4

　　我女兒，妮可，在她還小時，我們經常玩這個遊戲。我們到一家餐廳用餐，我會請她閉上眼睛，然後我會改變乾淨桌子上的一些物件擺設（當我們越加熟練時，我們會找一張很髒亂的桌子玩這個遊戲，看起來更加複雜）。我可能會把水杯倒過來放，把一隻刀叉拿走，或是把刀叉交錯著放置。她會找到這些改變。然後換我閉上眼睛，她做三個改變。她可能會把一粒鹽巴放在盤子裡，移動一件餐具一公分，在水杯裡放進一點胡椒粉。鍛練觀察敏銳度對我們父女兩人成為一種挑戰，但對我而言更是困難。

　　增能練習 4 的目的是發展對細節觀察的敏銳度狀態。大部分時間，如果沒有受到頭腦認知的阻礙，自由流動的視覺專注力可以是非常精準地找到細節變化。因此，我會告訴學員們要信任自己的眼睛來猜測，要真正用眼睛去觀看，而不是用頭腦去分析。透過啟動無意識，我們的眼睛可以有效分辨運作。當我們談到觀察敏銳度，自動化的行為反應可能比頭腦意識的認知分析來得更有智慧和效率。

　　就像我提到，**增能練習** 4 有許多的變化應用。我們可以對於互相漠不關心的伴侶，「看不見彼此」的伴侶或家人使用這個練習。「看見」的過程可以是一個很有趣的遊戲，這可以讓伴侶更加注意到彼此，產生更多連結。這也可以應用在企業內訓上，增進員工彼此關係，以及提高顧客服務質量。

　　在下一個練習，我們要討論另一個敏銳度的次要狀態——聽覺和視覺的專注力。

增能練習 5

建議：在練習完成之後再發給學員講義

治療師要發展的狀態：敏銳度，視覺與聽覺的專注力。

形式：六到八個人圍圈坐著。

練習方法：其中一個學員開始這句話：「當我看到我的下一個個案，我將會⋯⋯（加上一個形容詞，或是簡單句子）」。第二個人重複第一個人整句話，並且加上一個形容詞，或是簡單句子。第三個人一字不漏重複第二個人的全部話語，再加上一個形容詞或簡單句子。例如「當我看到我的下一個個案，我將會凝神注視，變得更加經驗性，全神貫注。」每個人輪流加上一個新的形容詞。如果一個人漏掉一個詞或一句話，那個人就出局了。這個遊戲繼續進行，直到最後只剩下一個人。

提醒：在遊戲開始之前，打開你的耳朵，進入一種聽覺敏銳度狀態。

變化題：

1. 所有人閉上眼睛進行這個練習，鍛練聽覺專注力。

2. 在每次加形容詞的同時，再加上一個動作。下一個人要重複完整句子以及動作。然後再加上一個形容詞以及動作。

3. 加上一個不一致的動作——一個動作與加上的形容詞不相

關，如：揮手再見，同時說著「我會喝更多咖啡。」

4. 重複前一個人所說的話，然後加上動作，而不是一個詞，如：「當我看到我的下一個個案，我會這樣反應（加上肢體動作）……」。

5. 加一個聲音，而不是加上形容詞、句子或動作。

6. 把這個句子用唱的唱出來，而不是用說的。下一個人要模仿前一個人的歌唱旋律，並加上一個新旋律。在前一個人的歌唱結尾上再加上一個結尾。

7. 在練習開始之前，團體領袖可以提供一個有效策略來幫助學員們獲得更好學習效果。譬如團體領袖可以做一個團體催眠，「打開你的眼睛和耳朵，進入一個敏銳度狀態……」團體領袖可以建議一些記憶背誦方法。可以教導大家對於每個形容詞都在心裡拍張照片，留下印象，告訴他們最重要的是記住前一個人最後說的詞語，邀請大家可以細微地模仿前面的人，當他們說這句子時是什麼肢體動作等等。

8. 不論大家做得好不好，學員們可以描述自己所採取的策略是什麼。

9. 在練習之後，學員們採訪最後的勝利者「專家」，試著去瞭解／模仿專家的策略和狀態，透過反覆問問題，如：「具體來說，你是如何做到的？」「你還做了什麼來增加成功？」「當你在記憶背誦時，你體驗到什麼？」然後，再做一次這個練習，或許運用變化題的其中一題，學員們可以練習運用專家的狀態或策略來增強自己的能力。在練習結束後，大家分享討論當他們模仿、運用專家的策略或狀態時，效果如

何。

目的：體驗到如何發展聽覺和視覺專注力的狀態。

這個練習是從斐歐拉・史堡林的《即興戲劇》延伸而來。

討論：增能練習 5

在練習結束後，鼓勵學員們反思他們所進入的視覺和聽覺敏銳度狀態，有哪些現象。可以是兩人一組討論，或是整個團體一起討論。

當我做這個練習時，我允許學員們自由決定判斷，重複的字句是否足夠精準。同時也勉勵學員們盡全力做到最好，用來發現他們的潛力和天賦。團體成員的任務是幫助彼此增強視覺和聽覺的專注力。這不是競爭的遊戲，至少盡量不要有競爭意味。

通常，這個練習會做兩回合。第一回合只運用聲音刺激，延伸的句子簡單地透過口語來增加詞語。第二回合，我會要求團體成員加上模仿的過程，我會帶一個團體催眠來增強學員的表現能力。接著，要求學員們重複這個練習，這一次加上視覺專注力。模仿和催眠，這兩個東西會讓學員體驗到自己可以增進自己的專注能力。

為了達成模仿的目的，我邀請學員們訪問專家（最後勝出的那個學員），找到一個策略或狀態，讓他們可以在下一回合運用。學員們會詢問專家，問他說：「具體而言，你是如何做到的？」這個模仿問題可以重複問。例如，如果專家回答說：「我把增加的形容詞視覺圖像化。」學員們可以進一步問說：「具體而言，你如何做到視覺圖像化？」學員們也可以重複問專家的狀態：「具體而言，當你做練習時，你是進入一個怎樣的狀態？」關於模仿的問題是用來獲得專家的策略以及狀態的細節，因此學員們可以在下一回合找到一個策略或狀態來使用。

第二回合用新的詞語和一致的動作，如：「當我看到我的下

一個個案，我會是更加打開的（做出雙手打開的動作），」如此一來，就加上了鍛練視覺專注力。在第一回合起頭的人，要繼續在第二回合起頭。在第二回合開始前，我通常提供一個團體催眠，用來幫助學員更進一步發展視覺和聽覺專注力，幫助學員體驗到他們之前訪問專家時所獲得的策略和狀態。

在練習結束後，做個民意調查來瞭解，透過團體催眠和學習來的策略／狀態，學員們的進步幅度有多少。結局經常是，專家的表現能力下降，同時團體其他成員的能力增強。模仿可能會造成這樣結果。專家所用的策略，專家在第一回合所進入的狀態，是一種完形方法，整體是比部分的總和來得大。讓專家意識到自己的策略和狀態，可能導致專家聚焦在單一層面，進而干擾了完形的整體效果。太明顯地模仿專家的一舉一動，對專家而言可能是不太好，但是這可以幫助模仿的人獲得大進步。

這個練習在許多專業領域上都很有幫助，因為這很好學，也會激起大家熱烈參與。有很多潛在運用價值。這個練習可以作為家庭作業，幫助一個家庭提升彼此的契合度，也可以提升企業裡的團隊向心力。還可以用來發展個人在課堂上的專注能力，或是用在心理治療督導培訓上。

當我女兒還小時，我會跟她一起玩這個敏銳度遊戲，用一個字母排列順序版本。當我們開車長途跋涉時，我女兒會說：「我今天沒去上學，因為我有氣喘（asthma），A 作為結尾的詞語。」「我今天沒去上學，因為我有氣喘（asthma）以及支氣管炎（bronchitis），A+B 作為結尾的詞語。」「我今天沒去上學，因為我有氣喘（asthma）以及支氣管炎（bronchitis），以及感冒

（cold），A+B+C 作為結尾的詞語」等等。通常，我女兒要鼓勵我加油，不然我常常跟不上她的速度。

增能練習 6

建議：在練習完成之後再發給學員講義

治療師要發展的狀態：對於模式的視覺和聽覺敏銳度。

形式：整個團體一起進行。一個學員成為投手，坐在團體大家面前。

角色：從團體裡選一個人當作投手。如果可能的話，投手要講一種大家都聽不懂的語言，如：家鄉話、方言、外國語言。其他學員當捕手。

練習方法：

投手用母語或方言講兩個故事。每個故事要簡短，大概五到十句話可以講完。其中一個故事要包含一個瞞天大謊的橋段。這個謊言不是簡單的事實扭曲而已，要感覺很錯綜複雜。另一個故事是全然真實。在講完兩個故事之後，學員們舉手投票決定，哪個故事是真，哪個故事是假的。然後投手宣佈答案。投手接著再講幾個成雙成對的故事，每組故事其中一個是真的、另一個假的。大概三、四組故事之後，投手離開房間。學員們找出哪個人是偵測謊言的專家。測謊專家要跟大家分享他的成功策略以及狀態。接著，再請投手回來房間裡，再說一組或兩組故事。學員們運用專家的策略。當練習結束時，學員們告訴投手，當他在說謊時，他的模式是什麼。

作為「人類測謊機」，捕手們注意到投手在說謊時的細微行為改變。或許當投手說謊時，他的肢體動作不協調，或許眨眼皮的動作不自然，或許他的肢體更僵硬些。

記住：我們的目的是找到發現特定模式的敏銳度狀態。偵測謊言的能力可以透過發展一種專注於模式細節的敏銳狀態而達成。

變化題：

1. 學員們（捕手）閉上眼睛，用心傾聽，單純用聽覺能力來分辨細節。

2. 捕手們緊緊搗住耳朵，只用眼睛觀看，看投手講故事，單純用視覺能力來分辨謊言。

3. 一半學員閉上眼睛用耳朵聽，另一半學員搗住耳朵用眼睛看，這樣我們可以看到是視覺能力更有幫助，還是聽覺能力更有效。

4. 為了刺激投手更聰明地說謊，如果投手可以成功欺騙所有學員，提供獎賞給投手。

5. 不只講兩個故事，投手可說三個故事，只有其中一個有瞞天大謊。

6. 投手用外星語言說故事，或是單一音節，或是只動口不發出聲音（身體操作表情都正常，嘴巴也正常動作，只是沒有發出聲音）。

7. 在練習開始之前，投手先說幾個簡單謊言，讓大家發現一些重複模式。可以參考以下的做法：學員問問題，投手回答問題，有些答案是明顯真實，有些答案是明顯說謊。譬如，我們指示投手只能回答「是」，對於一些簡單問題，真實答案

是「是」，如：「你是否在房間裡？」「你是否有穿鞋？」「你是否有手機？」接著，問一些問題會出現說謊的結果。如：「你的名字是否叫做伊莎貝克？」「你現在是否在土耳其？」「你現在是否在聽古典音樂？」而投手都只能回答「是」。或許這樣的做法會幫助學員們偵測到投手的說謊模式。

目的：學員們進入一種專注在視覺和聽覺模式的敏銳度狀態。

討論：增能練習 6

　　撲克牌玩家會解讀另一個玩家，通常他們有所謂「看穿小動作」的能力，他們也能發現對方在吹牛說謊時不自覺地透露的小細節模式。撲克牌高手擅長於偵測謊言。我們可以學習並練習這些撲克牌高手的策略，學會這樣能力，你也可以打得一手好牌。

　　心理學家保羅・艾克曼（Paul Ekman）孜孜不倦地研究說謊的模式，發現了一些說謊欺騙的特質，包括了，不協調的臉部表情和操作表達，動作只做一半，眼神開始飄移。（關於更多訊息，請參考《說謊：揭穿商場、政治、婚姻的騙局》〔*Telling Lies*, Paul Ekman, 2009〕這本書）。通常，當投手離開房間時，我會跟學員們講這些細節線索，幫助他們學習測謊。

　　為了增加緊張情緒，艾克曼會付錢請實驗對象來欺騙他。增加緊張情緒會使測謊變得較容易些。當我帶領團體做這個練習時，我會告訴投手，如果他可以成功欺騙大家，我會贈送他一個免費工作坊，或是一本書。這個增加的緊張情緒通常會導致投手說謊能力下降。

　　做這個練習，投手最好是會講某種方言，或是外國話，沒有人聽得懂的。這會確保大家無法認真聽說話內容，因為聽不懂，轉而專注在肢體語言或表情動作。

　　記住，這個練習的目的是學習提升分辨模式的能力。團體的分享討論應該要聚焦在分辨並強化那種狀態。

增能練習 7

建議：在練習完成之後再發給學員講義

治療師要發展的狀態：對於情緒反應的視覺敏銳度。

形式：整個團體一起進行。一個投手和一個捕手坐在團體面前；投手背向大家坐著，捕手面向大家坐著。

角色：類似於**增能練習 2**，投手簡短地描述一個物件，在他的描述過程中，投手逐漸隱藏地溝通一個具體的正向情緒或是負面情緒。這個物件描述要慢慢朝向情緒的發展增強。捕手安靜地用身體同頻共振那個感受到的情緒。

練習方法：其他團體成員把耳朵搗住，不要聽到投手的物件描述。投手自己選擇要講正向情緒或是負面情緒。團體成員們進入一種視覺敏銳度狀態。看著捕手所呈現的肢體姿態同頻共振那個情緒，團體成員去猜測這是一個正向情緒還是負面情緒。然後重複這個練習，再換一個物件描述，換另一種情緒。

變化題：

1. 重複這個練習，而這一次投手講一個與情緒有關的故事。

2. 重複這個練習，這一次投手和捕手面對面坐著，團體成員要看著他們兩人之間的空間，觀察他們的互動（目的是為了發展一種瞭解關係互動模式的狀態）。

3. 這次換成三人一組，有一個人是觀察者，而不是大家一起做。

4. 團體成員猜測那個投射出來的情緒是什麼，而不是僅僅猜測正向情緒或負面情緒。

5. 投手用一種發出聲音的方式講故事，一種胡言亂語、外星話，或是一個單一音節，啦啦啦。

目的：觀察者發展出強化的「視覺敏銳度」。

增能練習 8

建議：在練習完成之後再發給學員講義

治療師要發展的狀態： 視覺和聽覺的敏銳度。推論主題意義。

形式： 整個團體一起進行。兩個投手——討論者——坐在團體前面。

角色：

兩個人用同樣的外國話交談，這兩個投手是討論者。最好是這種外國話語很特別，在場沒有其他人聽得懂。

如果沒有人會講外國話，投手們可以用外星話，或是胡言亂語，發出聲音就可以，或是只用一個音節溝通，如：「吧吧吧」。

練習方法：

投手們私下決定一個要討論的話題——討論一部電影情節，計劃一次旅行，或是財務管理等等。投手們討論這個話題三到五分鐘，一開始用正常的手勢動作，接著逐漸誇張一點的手勢動作，放開手腳地盡可能用肢體詮釋話題內容意義。

團體學員試著去看出投手們到底在討論什麼，分享討論一下他們是根據什麼線索來猜測這個話題，他們是如何運用視覺和聽覺敏銳度來作分辨。

目的： 團體成員分享他們如何強化自己的聽覺和視覺敏銳度，以及他們從線索推論談話內容主題的能力。

增能練習 9

建議：在練習完成之後再發給學員講義

治療師要發展的狀態：面對對方反應的敏銳度。

形式：兩人一組。

角色：一個投手，一個捕手。

練習方法：投手被告知要講一個簡單故事，大概五、六個句子，講給捕手聽，然後捕手要把這個故事重複一遍給投手聽。故事可以是日常生活經驗，如：開車去上班。然後，請投手暫時離開房間，團體領袖給捕手們指令。

團體領袖告訴捕手們，當投手講完故事時，捕手要重講一遍這故事，盡可能精準，每個句子都要加上一個調整詞。譬如，或許投手講一個去超級市場買東西的故事。捕手重複這個故事時，加上我去了一個「很擁擠」的超市，我買了「健康」食物，我也買了「佛羅里達」的橘子。再次強調，每個句子都會加上一個詞。可以隨機選擇要加什麼詞，但是詞語盡量保持細微，不要太誇張。

接著，投手回來了，他們告訴捕手一個故事，用五、六個句子。捕手進入一種敏銳度狀態，敏銳觀察投手。

當捕手修改這個故事的句子時，要特別注意投手的反應。在練習結束時，捕手描述投手對於句子被修改的身體反應、行為反應。

捕手解釋給投手聽，他們接受指示要在每個句子裡加一個詞。

　　在分享討論階段，捕手適時分享一下那種觀察敏銳度狀態是什麼感受，以及相關的現象元素。

變化題：

1. 捕手在每個句子裡加上一個詞，以及一個相對應的動作。

2. 與其加上一個詞，這次只有加上一個動作，沒有加詞。

3. 當重複述說故事時，捕手盡可能模仿投手的身體動作姿勢，越像越好。

4. 只用一種類別的增加詞語。譬如全部都用聲音、感覺、視覺、顏色等等。

目的：捕手學習進入觀察敏銳度狀態。

這個練習是從斐歐拉・史堡林的《即興戲劇》延伸而來。

增能練習 10

建議：在練習完成之後再發給學員講義

治療師要發展的狀態：視覺和聽覺的敏銳度，注意到人際互動的模式以及難以察覺的缺乏。

形式：一個投手和一個捕手在團體前面，其他學員是觀察者。

練習方法：

投手和捕手離開房間，讓團體帶領者可以偷偷給他們指令。帶領者指示投手說一個故事，然後讓某個部分神祕地消失。或許是投手說故事時完全不使用形容詞，或是投手右手完全不動，就好像右手麻痺一樣。捕手的工作是跟投手作個訪談。捕手有個設定是，當投手在溝通一個感覺時，捕手要點頭、微笑，同時說「嗯嗯」。周圍的觀察者要想辦法察覺這兩人的互動模式。他們知道這個練習是訓練敏銳度，但是不知道要觀察的是這模式中的哪類別東西。

接收完指令之後，投手和捕手回到團體裡，準備開始練習。投手講他的故事，捕手訪談投手關於這個故事。講完故事之後，觀察者討論一下，找出投手和捕手使用的是什麼樣的互動模式，以及有什麼是難以察覺的缺漏。

變化題：

（每個變化的指令都可以私下給投手和捕手。）

1. 投手調整他說故事的節奏，只在捕手吐氣的時候才說話。

2. 當捕手微笑時，投手重複地運用非語言的身體動作給一個姿勢或是表情。

3. 捕手皺眉頭，每當投手身體靠近時，捕手就身體遠離。

4. 捕手不要讓眼神與投手保持接觸，盡量避開眼神。

5. 投手和捕手同步彼此的呼吸頻率，或是模仿彼此的臉部表情等等。

6. 捕手給自己設定一個條件，不斷重複一個多餘句，如：「我不知道，但是……」。觀察者要想辦法發現那個多餘的句子。

7. 在練習開始之前，告訴團體其他學員要關注投手和捕手之間的空間（投手和捕手面對面地坐著），觀察他們的互動模式。學員們也被告知，投手和捕手其中一人會呈現某種難以察覺缺乏。

目的：觀察的學員們描述自己體驗到的敏銳度狀態，同時也注意到互動模式和感受到的難以察覺缺乏。

「難以察覺的缺乏」（conspicuous absence）這個概念是一種矛盾比喻，是可以被理解的。當我在培訓學生時，我建議他們要發現個案難以察覺的缺乏，不論是個人治療、伴侶治療或是家族治療。在很多層面上都會有難以察覺的缺乏，像是身體上的、心理上的、人際關係裡的，也包括了行為、具體情緒和互動模式。沒有使用修飾詞，或是沒有說完完整的話語，都是語言模式中難以察覺的缺乏。當在跟別人溝通時，沒有微笑、沒有手勢、沒有臉部表情，這是人際互動的難以察覺的缺乏。

要發現難以察覺的缺乏可能是一件很不容易的任務。然而，這個能力是可以透過鍛練而進步的。發現和理解個案難以察覺的缺乏，對治療效果有很大幫助。

要覺察到互動模式也是不容易的，因為需要一個思考模式是，「當……發生了，然後……發生了」。譬如，「當他作了 X，然後她就做了 Y。」要發現互動模式是很困難的，我們沒有適當的詞語來描述他們。我們的詞彙是設計來描述內心所發生的事件，而不是人際互動上所發生的事。

例如，如果我詢問你們「愛」的定義是什麼，大多數人會描述一個內心感受，如：一種綻放光芒、熱情、仰慕、照顧等等的感受。但「愛」其實是人際互動事件。我創造了一個縮寫，TOPIAH，作為人際互動上的定義。這個縮寫拆開的意思是「在另一個人的快樂上獲得明顯的愉悅感」（Take Obvious Pleasure in Another's Happiness）。這中間的差別是，一個女人回到家，她很

高興她老公幫她準備了晚餐，因為她肚子餓了，另一個是一個女人回到家，她替她老公感到很高興，因為她知道煮飯是老公的興趣和熱情。

　　一旦一個治療師花一百個小時在做家族治療、伴侶治療或個人治療，他可能發展出觀察人際互動模式的能力。

　　這個練習有數不盡的變化模式。有很多不同種類的難以察覺缺乏和人際互動模式可以觀察。**練習 10** 是擴展你的敏銳度狀態，包含了發現人際互動的次要狀態，以及對難以察覺的缺乏作覺察。各個學派的心理治療師都可以經由發展這些次要狀態得到很大幫助。

　　通常，在練習開始之前，我不會告訴觀察者投手和捕手會使用難以察覺的缺乏和人際互動模式這兩個訓練項目。我可能會在故事說完了，或是要他們猜測之前才會告訴他們，如此一來他們有個推論點，可以用來猜測。

增能練習 11

治療師要發展的狀態：從細微線索做推論。

形式：團體。

角色：無。

練習方法：團體每個人都讀以下這句話，然後推論那本書最後一頁的結語是什麼。這句話是《玉面情魔》（*Nightmare Alley*, 1946）作者威廉‧琳賽‧葛蕾遜（William Lindsay Gresham,）在書中的開場白。

一號卡

傻瓜

穿著小丑衣服行走，他的

眼睛閉上，在懸涯峭壁邊

在世界的盡頭。

斯坦‧卡萊爾遠遠地站在那個帆布覆蓋著的入口處，在昏黃的日光燈之下，注視著那個笨蛋。

這個笨蛋是一個瘦瘦的人，穿著巧克力棕色的長袖內衣。他戴

著黑色假髮，看起來像是拖把，棕色油漬在憔悴的臉上縱橫，熱氣蒸騰，汗垢只在嘴角處留下空白。

這個傻瓜靠著監牢的牆站著，在他周遭圍繞著一些——一些可悲的——蛇盤繞躺在周圍，感受那個夏日夜晚，煩躁、悶熱、怒目而視的眼神。一條細長的王蛇試著要爬上圍牆，然後跌落地上。

斯坦喜歡蛇；他喜歡蛇所呈現的惡心，那些蛇要圍繞在這麼一個惡心的人周遭。外面的人講話聲音越來越高亢。斯坦把他整潔而有著金髮碧眼的頭轉向入口處。

「……他從哪裡來。只有神知道。他在離佛羅里達五百英哩遠的一座荒涼小島上被人發現。我親愛的朋友，在這座圍牆裡面，你將會看見一個宇宙無法解釋的神祕事件。他是人？還是野獸……」

目的：發展一個推論的狀態。

討論：增能練習 11

　　這個練習是艾瑞克森醫師早期培訓我的時候所使用的練習之一。譬如，他會給我一個個案所寫的自傳，然後我只能讀前面幾行字，接著我要推論最後一頁寫的是什麼。（在我 1985 寫的書《艾瑞克森：天生的催眠大師》〔*Experiencing Erickson*〕有提到）。

　　艾瑞克森同樣地運用《玉面情魔》的開場白來培訓我。他告訴我去讀這本書的第一頁，然後預測最後一頁會寫什麼。他說他太太和她女兒讀了這本書，她們很喜歡。當她們把這本書給他時，他讀了第一頁，然後就精準地預測了最後一頁寫什麼。我沒有艾瑞克森那種天賦異稟。在艾瑞克森眼前，我讀了第一頁，然後就頭腦一片空白。我完全猜不到最後一頁可能會寫什麼。當我問他答案是什麼，他叫我讀完整本書。當我讀完這本書，我返回第一頁，重讀第一頁。一切都頓時清楚了，作者在第一頁就為故事主角的結局埋下伏筆。（有興趣想要學習有效運用心理治療伏筆的讀者，可以在我的書《百川匯流》〔*Confluence*〕裡找到一整個章節介紹）。

　　人類行為有很多模式；有些是細微互動（小的）元素構建而成，有些是宏觀互動（大的）元素組成。人際溝通分析學派祖師爺，艾瑞克・伯爾尼（Eric Berne），是人類行為的敏銳觀察大師。他對於心理治療發展的貢獻之一是心理遊戲的理論，這是一種交互作用的順序，為了體驗到多餘的壞感覺——如受傷或是生氣，而不斷重複發生。他把這種感覺稱之為「情緒詐騙」（racket）。伯爾尼找到其中一種心理遊戲稱之為「Rapo」（雷波）。一種社交互動版本是：「我邀請你。你接受邀請。把邀請收回。」或是，

「在事實發生之後，邀請或接受會重大地改變。」例如，一個生意人提供一個商業提案，其他生意夥伴同意，但是其中一人突然決定退出，這會讓原先的生意人感覺受傷、感到很糟糕。

伯爾尼說道，當觸及一個人在這世界的「存在意義定位」時，這個糟糕感覺就變本加厲了，譬如「我很不好；你很好。」在伯爾尼的理論裡，宏觀互動模式是一個人生劇本。我們可以看為一個完整劇情，或是一個無意識的縱貫聯機，貫穿人的一生。許多千古流傳的故事都是人生劇本的隱喻，這也等同於童話故事，如：灰姑娘或是白雪公主。伯爾尼關於心理遊戲以及人生劇本的研究，其核心主題是，人類行為有個無意識的模式和重複性。瞭解一個細微互動模式（在這裡指的是心理遊戲），可以幫助一個觀察者產生一個直覺的宏觀互動模式（這裡指的是人生劇本）。

瞭解人類行為裡的多餘以及重複性，對於艾瑞克森醫師而言很重要。為了幫助學生發展推論的狀態，他會建議學生閱讀小說，從最後一章開始讀起，一路讀回到第一章。他想要學生在他們實際閱讀前一章之前，就去猜測前一章在講什麼。透過預測下一章的內容，也可以達到同樣效果。

艾瑞克森醫師在治療個案時會運用推論能力。以下是三個案例：我問艾瑞克森以前的一位病患，她與艾瑞克森初次見面是什麼感覺。她很驚訝艾瑞克森驚人的觀察能力，因為他講的全部都正確。他告訴她，「你不是你母親的最愛，但我感覺你是祖母的最愛，或許是你的外祖母的最愛。」

多年以前，我受邀去一位女士的生日宴會，她慶祝七十大壽。她的一位好友，一個社工師，來跟我說話，因為她知道我是艾瑞克

森基金會的主席。她告訴我她第一次遇見艾瑞克森時的經驗。她才剛一腳踏進艾瑞克森的辦公室，艾瑞克森就告訴她，她很有可能青少年時期都是在集中營裡度過。對於艾瑞克森的料事如神，她感到萬分驚訝，她問他，他怎麼會知道這一切。他說，那是因為她身體所呈現的姿態和動作所透露的訊息。

另一個例子是某個治療師去拜訪艾瑞克森。他請她寫下基本資料。當她在寫字時，艾瑞克森告訴她，很有可能她不是在美國長大。她沒有太在意艾瑞克森的猜測。或許他看到她的手寫內容，跟一般在美國長大的人不太一樣。他接著推論，她應該是在歐洲南部長大。關於這個觀察，她也沒想太多，她的五官外表可能透露了這樣的訊息。但接著，艾瑞克森說，「你在小時候是很胖的。」喔，這個就嚇到她了，因為當時她外表看起來苗條身材。當她問他說他從哪裡得到這個結論，艾瑞克森回答說，是她身體的姿勢和動作所透露的訊息。

在這三個例子裡，艾瑞克森料事如神。我很相信他並不總是精準。然而，如果一個治療師在治療早期做出精準推論，這很有可能會強化療效。不正確的推論很快就會被遺忘。

我經常會練習自己推論的能力。或許我會察覺某人聲音的細微變化。我可能偷偷猜測一個人在家裡排行老幾，或是他在哪裡長大。然後，我會說我的推論，看是否正確。

增能練習 12 是用來幫助學生進一步發展推論能力和狀態。

增能練習 12

建議：在練習完成之後再發給學員講義

治療師要發展的狀態：從細微線索做推論；從細微線索做猜測。

形式：兩人一組。

角色：一個人是個案，另一個人是捕手／推論者。

練習方法：

條件一：學員們背靠背坐著。花三到五分鐘時間，個案談論他的辦公室／工作環境。推論者進入一個敏銳度狀態，可以詢問關於工作環境的事情。不要事先告訴推論者他要推論些什麼東西。

一旦這個描述完成，推論者做五個猜測，關於個案的臥室。推論者可以推論一些事情，如：

1. 對於臥室的一般描述，如：是否有古董家具或是現代化家具，或是臥室是寬敞的還是狹小的。

2. 臥室裡的特定家具描述，如衣櫃、床頭櫃等等。

3. 衣櫥裡的衣物是否擺放整齊。

4. 在臥室牆上的物件是什麼——海報、相框、藝術品、宗教物件等等。

5. 推論者做個關於臥室的具體猜測。是否有電視機？是否有蠟

燭？書籍？或是相片？

條件二：兩人角色互換，面對面坐著。新的個案只動口不出聲音地描述他的辦公室／工作環境，大約三到五分鐘。新個案不發出任何聲音，同時表情和動作都保持正常，不誇張。新個案所有的說話都只動口，不發出聲音，就像正常說話一般。推論者回答以下關於新個案的問題：

1. 個案在家庭裡排行老幾——老大；中間；老麼；唯一小孩？

2. 個案平常是否規律運動？

3. 個案是否喜歡動物？如果喜歡動物，他喜歡哪種動物？

4. 個案是在城市長大還是鄉村長大？

5. 個案在家裡最喜歡哪個房間？

6. 個案的嗜好是什麼？

7. 個案在青少年時最大的創傷是什麼？

8. 個案最常體驗的負面情緒是什麼？

9. 推論者對個案做個猜測，如：個案是否喜歡購物？誰是個案最喜歡的家人？平均來說，個案每晚睡多久時間？

變化題：

1. 推論者描述自己是透過什麼線索、什麼樣的思考模式來做推論。

2. 推論者自我反思在將來如何增進自己從細節推論的能力；同時，他們可能錯過什麼線索是沒有推論到的。

3. 全然單純做推論，沒有任何一開始的辦公室描述，只靠視覺線索來推論關於個案的一些事情。

4. 團體成員裡最會做推論的人是誰，大家可以模仿學習他的強

項，以及他的推論策略思考。

5. 在條件一或二，在沒有任何預知訊息情況下，反過來由個案
去推論推論者的一切。

目的：注意到個案的模式，並從細微線索推論。發展出一種推
論（偵探）狀態。

討論：增能練習 12

　　一個人如何推論出別人有小時候的創傷？我的一個好朋友，艾雅拉·派恩斯（Ayala Pines, 1945-2012），是一位以色列社會心理學家，也是最早研究工作耗竭現象的學者。她做了一個研究（Pines, 2002），當中調查三種職業群——護士、老師和企業家。她問他們，為什麼他們會選擇這個特定職業。她得到一個結論，護士選擇當護士，因為想要幫助別人；老師選擇當老師，因為想要作育英才；企業家選擇當企業家，因為想要競爭，成為頂尖。這些選擇是存在意義的目標，會影響一個人是否承受過多壓力，產生工作耗竭。

　　只要他們的存在意義目標得到滿足，這三種職業人群都能夠適當地處理壓力。當他們遇到挫折，無法滿足存在意義時，工作耗竭就會產生，或許是他們自己能力不足，或是在工作環境遭遇阻力。當護士沒有辦法幫助別人，當老師無法啟發學生，當企業家無法做到最好時，工作耗竭就產生了。並不是壓力導致工作耗竭；是無法滿足存在意義所造成的失敗會帶來工作耗竭。

　　但是接著，派恩斯博士做了一個額外調查，關於參與者的背景。她發現，護士在青少年時期最常見的兒時創傷是在一個混亂的環境裡成長。對老師而言，最常見的兒時創傷是丟臉被羞辱，或許他們笨手笨腳，或許他們太在意自己外表不好看。在青少年時期，企業家最常見的創傷是競爭。成長背景和早期創傷對於職業選擇影響很大。相反於他們的成長背景，護士選擇很有秩序、一切都在掌控中的環境。老師大部分時間都是站在學生前面，接受學生近距離

觀察，而企業家的競爭是為了做到最好。因此，一個人所選擇的職業對於療癒兒時創傷是很重要的。因此，透過瞭解一個人的職業，我們可以運用推論式思考來瞭解兒時創傷的可能性。

推論是一種模式：「如果 X，就會有 Y。」例如，如果這個人是一個老師，或許他在小時候曾經發生很丟臉的事情，受到創傷。艾瑞克森是推論式思考的大師。推論是我們所要發展的最重要敏銳度狀態之一。

發展推論狀態經常會遇到練習、失敗、更多練習。在文學上，推論的代表人物是偵探福爾摩斯。但是他也透過勤奮練習才發展出卓越能力。在〈巴斯克維爾的獵犬〉（hound of the Baskervilles）的開場一幕，福爾摩斯和華生找到一根手杖。詳細研究這根手杖的紋路雕刻，他們構建了手杖主人的個人檔案。當手杖的主人出現，領回他的手杖，福爾摩斯和華生發現自己錯得很離譜，他們詳細地檢討他們的推論思考，重新鍛練他們的能力。

關於一個人最常見的糟糕感覺，我們可以推論出細節。當人們被阻撓時，他們通常會表達一個具體的壞感覺。例如，堵車的時候，有些人會忍不住生氣，有些人感到恐懼，有些人覺得沮喪等等。就像艾瑞克‧伯爾尼指出，相互作用的順序通常會導致一個重複發生的情緒結果。熟悉感是人類行為裡的一大動機。人們可能會尋找一種熟悉的壞感覺，就算這是不好的情緒反應。

那家庭結構和成長環境背景又是如何呢？這個因素會影響一個人的行為嗎？這會如何影響一個人對於時間的感受？成長在都市的環境裡，可能會更對時間有種立即急迫性感受：「我現在就要。」在鄉下農村裡長大的人，可能對於四季變化有更深刻感受：「我們

需要些時間讓事情自然發展。」

　　艾瑞克森醫師經常會詢問他的病人家庭結構是如何。他也會問他們是在鄉村還是都市裡長大。除了這些訊息之外，他很少在治療開始前再問其他訊息。透過個案對治療的反應，艾瑞克森醫師獲得進一步的評估訊息。與其花很長時間做完整評估，個案會立即參與在改變的過程裡。在正統醫學上，必須要有一個完整診斷才能夠做治療，但是在心理治療情境裡，治療方法勝過評估。

　　當我訪談過艾瑞克森的許多病人之後，我找到兩個相關例子，關於他的鄉村取向風格。一個十八歲，剛結婚的女士，我們暫時稱她「珍」，她來找艾瑞克森醫師治療，因為她一直跌倒。她的病症沒有任何腦神經科學可以解釋。珍喜歡與藝術有關的學習，她嫁給了一個專橫跋扈又愛控制人的男人，這男人在一個技術領域裡工作。珍無法在她的婚姻裡站得住腳，常常跌倒。艾瑞克森並沒有給予這樣的詮釋，這個詮釋可能是對的，但不見得有效。艾瑞克森建議這對夫妻離婚，暗示他們兩人並不適合彼此。然而，他們因為宗教原因想要繼續留在婚姻裡，因此艾瑞克森替他們兩人規劃了家庭計劃。珍的跌倒症狀在幾個月內有明顯好轉，然後珍很快懷孕了。艾瑞克森醫師告訴珍，她暫時不需要接受治療了，但同時也建議她，當她四十歲的時候，她可能需要更多的心理治療。

　　為什麼艾瑞克森可以做這樣的預測推論呢？作為一個在農田裡長大的男孩，艾瑞克森瞭解四季的變化。作為一個偉大的精神科醫師，他知道在人生的循環裡，問題總在轉折點上接踵而來。傑・海利（Jay Haley）是第一個發現這個事實的人。他把這個觀點放在他的著作裡《不尋常的治療》（*Uncommon Therapy*, 1973），他把艾瑞

克森的治療案例集結成冊，按照人生關鍵轉折點來排列順序，如：小孩的出生，小孩去上學，年輕人離開家庭。

當珍到了四十幾歲時，她打電話給艾瑞克森醫師，想要做治療。然而，當時艾瑞克森已經過世，因此，艾瑞克森太太把她轉介給我。再一次，珍又開始跌倒了。她的小孩已經長大離開家，她再也無法在她的婚姻裡站立得住。接續艾瑞克森所做的治療工作，我建議珍去發展一個嗜好。我建議她養配種狗，結果是她很滿意自己生活的調整，不再跌倒了。

第二個艾瑞克森的鄉村風格取向案例，我也在故事中。當時，我正在跟艾瑞克森討論某個工作坊裡的一個特殊催眠中的細微互動關係（參考我寫的書《艾瑞克森培訓工作坊》〔*A teaching Seminar with Milton Erickson*〕, Zeig, 1980）。我們暫停手邊的討論，要去拍一個家庭團體照，因為他剛有一個孫女誕生，勞拉。勞拉的母親，洛克薩妮，以及艾瑞克森太太都會在照片裡。我是負責拍照的人，但是艾瑞克森堅持要等一下，等艾瑞克森太太回屋子裡拿一個木刻的貓頭鷹小雕像，才能拍照。這是艾瑞克森送給他孫女勞拉的出生禮物。然後，坐在他的輪椅上，艾瑞克森懷中抱著小勞拉，同時展示了貓頭鷹小木雕。艾瑞克森坐中間，艾瑞克森太太坐一邊，然後洛克薩妮坐另一邊。

當我們拍完照片，繼續討論工作坊時，艾瑞克森醫師跟我說了他剛剛拍照時的策略思考是什麼。勞拉的乳名是「驚聲尖叫」，因為她的巨大哭聲，就像貓頭鷹的哭聲一般。艾瑞克森說，在十六年之後，小勞拉會看見這張照片，那時候艾瑞克森可能早已不在人世間。這會帶來一個複雜的情感感受和回憶，從她小時候的一切到她

青少年的時期。他認為，加上一個木雕小貓頭鷹，帶來了深刻人性感受，讓照片溫暖許多。那個木雕貓頭鷹是一顆種子，在很多年之後都會有深刻情感體驗。

艾瑞克森的策略性思考反映出他出身農村的背景。一顆小小的種子，可能要花很多年的時間才會長成大樹，結實纍纍。擁有一個時間的長遠觀點，對於治療師而言很有幫助。有些治療方法只在適當的季節有效。艾瑞克森的觀點是從他父親學習而來的，他父親是個農夫，在九十幾歲的時候還在種小樹苗，因為他想要看到果樹結實纍纍。

在推論成長背景上，時間概念是有用線索。當量身訂做時，治療方法最有效。譬如，跟一個都市長大的人講的隱喻，有別於跟鄉村長大的人所說的。

家中出生排行順序可以從一些行為上推論而得。有很多研究文獻指出，出生順序會影響人格特質。如果你對這一點有興趣，可以參考法蘭克‧薩洛威（Frank Sulloway）的研究以及他所寫的書，《天生反骨》（*Born to Rebel*, 1996）。老大可能比較害羞，更聰明也更傳統。中間排行的小孩可能比較反骨、叛逆，同時老么可能是比較配合的。儘管這是一般傾向，在人格特質上還是有很多其他因素會造成影響。然而，在我教導治療師的培訓工作坊裡，有很大部分的學生是家中排行老大。在他們青少年時期，可能是負責照顧較年幼的弟弟妹妹（替爸媽分擔責任），這會造成他們進入一個專業領域，負責照顧別人。

增能練習 13

治療師要發展的狀態：從細微線索推論，發展平行類推思考。

形式：兩人一組，維持與**練習 12** 同樣的夥伴。**練習 12 和 13** 可以依序進行，不換人。

角色：兩個人都既是觀察者／推論者，也是個案。

練習方法：每個人各自用類推方式描述他／她自己，在紙上寫下來以下的分類。

「作為一個＿＿＿＿＿，我會是＿＿＿＿＿＿。」

1. 飲料

2. 一件衣服

3. 一件傢具

4. 一件藝術品

5. 身體的一部分

在每個人都寫下自己的描述之後，學員寫下另一個清單，回答以下問題：你覺得你的夥伴會如何描述你，用以下的分類？

1. 飲料

2. 一件衣服

3. 一件傢具

4. 一件藝術品

5. 身體的一部分

在每個人都寫下那個描述之後，學員寫下第三個清單，回答以下問題：你會如何描述你的夥伴，用以下的分類？

1. 飲料

2. 一件衣服

3. 一件傢具

4. 一件藝術品

5. 身體的一部分

夥伴們分享彼此寫下的清單。關於你的夥伴，你是用什麼線索來幫助你猜測？你進入什麼樣狀態？

變化題：

1. 與一個陌生人做這個練習。花些時間觀察這個人。

2. 在夫妻伴侶諮商裡運用這個練習，提升夫妻雙方的參與度。

目的：發展類推思考，注意到當中的模式以及如何從這些模式作推論。

增能練習 14

治療師要發展的狀態：對接收到的多重訊息保持醒覺。

形式：三人一組

角色：兩個投手，一個捕手。

練習方法：捕手坐在兩個投手中間。投手們面向捕手坐著。每個投手各自選擇一個話題，然後跟捕手聊天，就好像另一個投手不存在。聊天的速度最好比平常慢一些。捕手必須同時與兩個投手流暢的聊天，有時候響應，有時候開啟話題，不可以忽略任何一個投手。事實上帶著兩個話題捕手維持聊天。投手們只跟捕手聊天。學員應該避免問問題，因為這有可能造成兩個分開的聊天。

變化題：當團體領導給個指令，彼此角色交替輪流（捕手變成其中一個投手，其中一個投手變成捕手）。

目的：透過實際體驗發展出一種能力，可以同時處理進來的多重溝通訊息。

這練習是從斐歐拉‧史堡林的《即興戲劇》衍伸而來。

增能練習 15

建議：在練習完成之後再發給學員講義

治療師要發展的狀態：對於預設立場所造成的影響效果的敏感度。

形式：一個學員站在全體學員面前。

角色：選擇一個學員作為投手。

練習方法：觀察的學員們進入一個敏銳度狀態。投手有個隱藏的任務，要講一個關於她小孩泰瑞的模糊故事，同時不可以講明這個小孩是男孩還是女孩。講完故事之後，觀察學員寫下他們的想法和預測，關於泰瑞的一些事情——泰瑞的年紀、外表長相、嗜好、情緒，以及最後，泰瑞的性別。

目的：在接下來的討論，觀察者可能體驗到觀察的自身偏見所帶來的影響。

討論：增能練習 15

　　我們都有預設立場，這是存在頭腦裡的腳本，幫助我們快速評估該如何適當地行為以及反應。大多數時間，他們都很有效。但有時候，預設立場會限制我們的選擇。這個練習是從艾瑞克森與我討論的一個案例裡延伸出來，這案例有記錄在《艾瑞克森：天生的催眠大師》（*Experiencing Erickson, Zeig 1985*）這本書裡。一個精神錯亂的病患玩弄她的治療師，她花了很長時間描述她的小孩，小孩有個名字，也可以是男或女，病患沒有告知治療師小孩的性別。這個病患是為了操弄而操弄。

　　艾瑞克森醫師建議那個年輕治療師帶著一個初學者的心態去見病患，試著不從受限的預設立場或學術理論瞭解病患。在 1978年，我請艾瑞克森醫師寫一段話，要放在第一屆國際艾瑞克森催眠治療學派大會手冊裡，他寫道：「每個人都是獨一無二。因此，心理治療應該要為個人的獨特需求量身訂做，而不是將個人塞進人類行為假設理論裡，不要削足適履。」我們珍貴的理論可能提供寶貴的觀點，但那個觀點可能限制你的選擇。

結論：增能練習 3 ~ 15

敏銳的觀察力在許多專業領域和生活情境裡都非常重要。對於心理治療師而言，發展敏銳觀察力是一生的追求。然而，敏銳觀察力是一個概念，必須透過體驗而發展。我們無法透過教條式的演算學習到這個。這是一種生存在世上的本能；而不是技巧。

敏銳度是一個練習的大類項。它是一個複雜綜合體，由許多次要狀態組成，不是單一個體。我們最好是聚焦在元素上，如：對細節的觀察，對互動的觀察，以及專注力。當我們獲得足夠元素，這個大的類項就可以被體驗到。我們可以為每一個元素設計經驗式練習。如此一來，我們創造一個互相連接的網絡，可以產生概念的體現：「我可以有更好的敏銳觀察力。」這個概念可以轉換成一個狀態——敏銳度的狀態：「我的觀察更加敏銳。」接著，一個身分認同被創造出來：「我是一個觀察敏銳的人。」

我創造出具體的敏銳度練習，用來發展特定的敏銳度次要狀態。這些練習培養特定的概念領域。一個人一旦體驗到夠多的概念，那個項目以及伴隨而來的身分認同就會出現。

在**增能練習 3-15**，我們把敏銳度區分為十二個概念：

- 觀察多餘不必要的部分。
- 瞭解和運用模糊。
- 從初學者心智開始，克服自己會有預設立場和扭曲事實的傾

向。

- 體驗到細微的改變如何深刻地創造意義的改變。
- 觀察視覺畫面細節。
- 發展聽覺專注力。
- 發展視覺專注力。
- 觀察聽覺和視覺模式。
- 分辨出互動模式（當有「X」，就有「Y」）。
- 注意到難以察覺的缺乏。
- 發展推論能力（如果有「X」，那就會有「Y」）。從細微線索裡推論出來。
- 觀察並處理同時進來的多重訊息。

這些增能練習是用來鍛練敏銳度的能力。很少有人能夠有效精通所有治療師能力，並隨心所欲運作。透過參與在這些練習裡，個人可以發現自己的強項，並且聚焦在提升弱點。

儘管敏銳度僅僅是治療師可以發展的眾多狀態裡的一種，本書裡有許多練習是歸類在這個項目裡。以整體來看，敏銳度練習可以作為經驗式增能培訓系統的全方位模式，包括了透過體驗，取得元素，來誘發一個大的類項。這同時也是治療過程中，如何進行治療的主軸模式。我們思考一下這些敏銳度練習如何應用在問題和解答上面。舉個例子，我們再次回顧一下憂鬱和快樂。

從一個特定角度來看，我們可以把憂鬱症看作是一個疾病。但是從社會心理建構的觀點來看，憂鬱症的診斷是一個大的分類項目，一種便利建構，讓我們去溝通一個複雜的組合體。憂鬱症可以看作是一個綜合症狀，而不是單一個體。它是由許多元素組成，在

每個人身上都是獨一無二。譬如，一個人可能認為自己憂鬱了，當他出現以下這些元素的匯集：內心的情緒困擾，感覺低能量，被黑暗的想法和回憶吞沒，感覺無法簡單享受快樂，封閉自己不跟別人接觸，缺乏目標和行動力，相信自己是情境下的受害者，總是很負面悲觀。另一個人可能只有三、四個元素，卻一樣感覺自己很憂鬱。在任何情況底下，我們要建構一個社會層面治療方法，最好是治療小元素，而不是去處理大的分類項目。

相似地，快樂也是一種便利建構。它可以由以下這些元素組成：保持視覺上的靈敏，充滿活力，有愉悅的想法和回憶，可以簡單享受快樂時光，參與在人際互動裡，追求有意義的目標，相信在自己的生活當中可以扮演英雄，總是保持積極正向。一個人不需要擁有這所有元素才能達到快樂的境界。只需要足夠的元素就可以讓你體驗到快樂。當你跨越那個門坎，你會真實體驗到快樂的概念、伴隨而來的狀態以及身分認同。

治療師可以透過經驗式練習誘發元素，去提升整體的美好感受。聚焦在產生一個具體的深刻感受，可以帶來整體性的改變。簡單來說，治療師可以透過啟動次要狀態（元素）來幫助個案成為更快樂的人。一旦憂鬱的個案發現自己，有更多的笑聲，更多參與在人際關係裡，注意到周遭發生的事情等等，個案就會開始把快樂的人格特質帶到自己身上。治療師可以把個案的問題分解成元素，做成地圖，設計一些體驗式的任務，可以喚醒理想的元素。這個過程可以讓個案感受活力，體驗分類項目的改變，從負面感受轉換成正面感受。

增能練習是設計來模仿艾瑞克森醫生的直覺天賦狀態。到目前

為止，我們探索了三個狀態：經驗式的狀態，引導導向，和敏銳觀察力。接下來的練習我要帶你體驗另一個艾瑞克森學派的概念和狀態，學習一個新的項目——成為策略思考者。

簡介：增能練習 16 ~ 24

　　在 1973 年，傑‧海利發展出策略治療學派，他說治療是一種策略，治療師要在心裡有一個治療目標，然後朝向那個目標前進。他的治療理論跟當時的治療主流相衝突，當時主流是聚焦在精神分析學派和人本主義，大家看重洞察洞見和立即的經驗。傑‧海利的策略學派受到艾瑞克森的影響很大，他是艾瑞克森的第一代大弟子，艾瑞克森當時運用的是一種心理治療界前所未見的策略發展治療方法。艾瑞克森的計劃是，透過一種階梯漸進式的策略方法過程，來增強概念化目標的體驗感受。

　　策略的發展對於概念化溝通很重要。許多藝術性溝通的本質都是有策略的。劇作家會運用一種技巧「伏筆和照應」，作曲家運用策略發展來強化樂曲主題，演說家運用策略來建構演講的完美句點。對於治療師而言，重點不在於你是否屬於策略學派。當需要誘發一種狀態時，治療師必須運用策略技巧，而第一步是創造一個健全理想的目標。

　　幾十年前，在我學過的一堂演員訓練班上，我學到一個關於結果導向的思考的經驗，永生難忘。我們每個學生都要背熟、預習，然後在課堂上表演一段台詞（當然，所有演員在試鏡時，講台詞是最重要的一關）。輪到我上台背誦台詞時，我像根木頭般站在全班面前，傻傻地開始背誦我的台詞。講到一半，老師突然打斷我：

「薩德，你的目的是什麼？」我解釋說我是個好學生，所以我的目標是正確地背誦我的台詞。但是老師刺激我去思考，我想要帶給觀眾什麼樣的感覺。我想要表達什麼樣的情緒？我是想要觀眾開懷大笑嗎？還是希望他們站在我這邊？我想要他們感受到我的焦慮嗎？我突然頓悟，豁然開朗了。在往後的歲月裡，當我要做一個催眠引導時，我會在心中構想我想要達成的策略效果。然後在一個單純談話治療裡，我也會做類似的事情。

但是我的表演老師並沒有就此停止她的建設性批評。她接著進一步解釋說：「薩德，你沒有妥善運用你的肢體。」「我的肢體，我應該要用我的身體做什麼？」教我心理學的老師和督導們，總是告訴我治療師不應該用身體來干擾治療的過程。他們會說，治療的力量來自於未經修飾的言語。在那堂表演課之前，我總是遵照我心理學老師的教導，規規矩矩地坐在我的治療師座椅上，遵循心理治療的傳統，身體盡量保持不動。但是在那堂即興表演課之後，我開始策略性地在治療過程裡運用我的身體動作和面部表情。在催眠引導裡，我也會運用非語言的溝通（肢體動作），就算個案眼睛是閉著，看不到我的動作。我的目的是強化溝通效果。我舉些艾瑞克森醫師的細微變化案例。

我記得在一九七〇年代中期，我很害羞地打電話給艾瑞克森醫師，想要安排一個去鳳凰城拜訪他的行程。我在鼓起很大勇氣打電話給他之前，畏畏縮縮地想了很久。當我終於打給他了，艾瑞克森醫師接了電話。我很猶豫地說，「艾瑞克森醫師，你好，我是傑弗瑞‧薩德」。「傑弗瑞」！他很興奮地響應著，就好像遇見一個親密老朋友。

如果你觀看艾瑞克森作催眠的影片，你會看到他經常是在微笑，儘管他的個案眼睛閉上了眼睛。他的微笑有個策略性目的，用來溝通他看見個案成長蛻變的喜悅心情。

　　艾瑞克森是我所遇過最厲害的目標導向療癒溝通者。他建構他的治療溝通就好像是詩人寫詩的方式──每個字句、每個姿勢都精心設計，用來誘發獨特體驗。

　　我們很難相信，雕刻過的微治療可以在一個小時的潮起潮落之間就精心建構完成，但是艾瑞克森醫師就是能做到凡人所無法完成的事。在 1980 年，我編輯《艾瑞克森：天生的催眠大師》這本書。這本書基本上就是艾瑞克森醫師一週培訓工作坊的詳細逐字稿。艾瑞克森醫師的說話文法非常標準，逐字稿幾乎不需要任何校正。

　　在那本書的附錄裡，有個逐字稿，是我和艾瑞克森醫師長達五小時的對話討論，是關於他在工作坊裡所做的五十分鐘催眠引導，其內容非常錯綜複雜。在我們的討論中（這個討論發生在工作坊結束後幾個月之後），他分析每個細節，並指出他的意圖是什麼。

　　在分析的某個時刻，我停止錄像帶的播放，詢問艾瑞克森一件事。艾瑞克森醫師打斷我，他說，「她正要開始談論她麻痺的手臂。」這個個案，我們姑且稱她為莎莉，在催眠引導的前半段透過催眠，她的手臂麻痺不能動。這件事有兩個目的：她麻痺的手臂是一種催眠現象，用來說服她自己，她正在催眠狀態裡。另一個目的是象徵性地暗示要保護自己，一個深層的治療主題。這看起來不太可能，我不覺得在經過好幾個月之後，艾瑞克森醫師還會記得莎莉的談話裡這樣模糊的細節。我請他解釋一下他的推論。他要我再重

放一次影片。他接著指出，在某個片刻，他刻意地移動他的左手手臂一、兩英吋。就在我關掉影片之前。他推測，莎莉的眼角餘光一定有看到他的手臂移動，這會讓莎莉思考，想到，想要談論她自己麻痺的手臂。結果真的就如艾瑞克森所推論一模一樣。（這段影片，加上我的評論和批注，影片名稱是《抗阻》〔Resistance〕，你們可以在艾瑞克森基金會的網站〔Erickson-Foundation.org〕購買到。）

作為一個超人般精準的溝通者，艾瑞克森醫師勤奮不懈地編織他的溝通全貌，為了得到他想要的結果反應。他所付出的努力，在那些被他療癒過的人身上都產生了深刻影響。對我而言那個效果是，我從來沒有在生命裡感受到有如此多的愛。這是艾瑞克森超凡入聖的精準和精心打造的這一切，造就了這種感受。在我過往經驗裡，沒有哪個人如此孜孜不倦地努力，只為了觸碰到我心深處。

增能練習 16-24 是為了策略性目的，設計來誘發有效溝通的概念和狀態。我們會探索語言和非語言技巧。有些練習是透過單獨訓練某部分能力來提升治療師專業。再次強調，這就像是去健身房分別鍛練不同肌肉群，用來提升整體體態發展。

策略性溝通的其他層面包括了，透過濃縮萃取，以及多層次溝通來強化訊息傳遞，並且額外疊加元素來強化目標。譬如，如果一個治療師的強項是運用他的同理心，我們可以透過一些方法來幫助他精進，如：改變說話聲音的特質，加上一些手勢動作，運用比喻等等。就像是樂曲的創作一般，一個重複音符的簡單技巧，或是加上一個滑順音符，來增加悅耳的感受。在創作《第五交響曲》時，貝多芬採用了一個簡單主題，透過重複調整旋律、音色以及和

諧音，透過增加樂器以及減少樂器，來使這個優美樂章更加生動活潑。增加溝通的強度是誘發概念、狀態和身分認同的康莊大道。

艾瑞克森醫師對人類的最重要貢獻之一是，他畢生鑽研於如何強化溝通深度和廣度。當我們要在心理層面溝通，包括了情緒、概念或狀態，強化溝通訊息強度是一種最佳的治療師狀態，我們可以隨心所欲地進入這種狀態。

有成千上萬種方式來強化一個概念化訊息。以下的練習提供一些方法，可以精細地強化溝通訊息，運用手勢、觸碰、聲音、按部就班的發展順序、引導導向、刺激一個動機產生、創造正向歸因、採用詩韻風格、改變你說話的聲音、語調、方向和速度。也有其他精微巧妙的強化溝通訊息技巧，透過在催眠時說故事、量身訂做等等方式達成。（請參考《催眠引導》這本書〔Zeig, 2014〕）。

下個系列的練習，有些可以運用在督導培訓，或是治療情境角色扮演。但是，我的主要目的是要幫助治療師發展一種概念／狀態，處於策略化思考狀態裡，強化溝通訊息。在練習結束後，學員應該互相討論如何分辨並提升治療師的狀態。

增能練習 16

建議：在練習完成之後再發給學員講義

治療師要發展的狀態：為了策略性效果而溝通；引導導向；發展隱藏的反應。

形式：三人一組。

角色：兩個投手，一個捕手。告知捕手會有一些輕微的身體觸碰，要事先取得捕手的同意。

練習方法：捕手閉上眼睛。不要告訴捕手投手的目標是什麼。投手們進入引導導向的狀態，輪流對捕手做一個放鬆引導。一號投手只能用語言做放鬆引導，不能用任何手勢、動作或肢體語言。每個放鬆語言的使用只能是與放鬆有關的字眼，不能直接說放鬆。「放鬆」以及它的同義詞不能使用。例如投手可以談論房間溫度：「你可能注意到靜止的感覺在空氣中瀰漫」、「房間裡的溫暖可以是很舒服的」、「可能有個好奇感覺，全然專注在房間裡一種穩重的氛圍裡」等等。二號投手只能單純用觸碰做溝通。例如，將他的手輕輕地放在捕手的肩膀上，溫柔地壓下。每個放鬆引導都是短暫的：一號投手說話一兩句，然後換二號投手用一個動作溝通。練習大概持續十到十五個短暫放鬆引導，然後結束。討論一下引導導向的狀態。

變化題：

1. 在團體領袖的指令下，投手們交換角色。

2. 在團體領袖的指令下，投手們同時給予放鬆引導，一個是語言的，另一個肢體的。

3. 我們可以改變目標：可以是一個「催眠現象」目標，如，改變注意力，改變感受強度，體驗到解離（更多關於催眠現象詳細資料，參考《催眠引導》〔Zeig, 2014〕）。

4. 目標可以是一個情緒，一個概念，或是一個狀態—快樂、有鬥志、或是好奇等等。

5. 改變三人角色，所以每個人都可以嘗試不同角色。

目的：投手們單獨提取並發展單一能力，語言溝通，或是非語言溝通（肢體動作），學習禮物包裝目標的技巧。捕手學習觀察自己對語言和非語言溝通所產生的反應。我們透過關聯性暗示話語以及肢體語言溝通，來強化訊息傳遞。

增能練習 17

治療師要發展的狀態：為了策略性效果而溝通；多層次溝通。

形式：三人一組。

角色：一個投手，一個捕手，一個教練。

練習方法：捕手閉上眼睛。投手給一個催眠引導來誘發放鬆狀態，在話語之間有較長停頓。（如果投手對於催眠技巧不熟悉，可以用漸進式放鬆代替。）當投手停頓的時候，教練給投手一個建議，加上一個在語言之外的具體元素，如：「接下來，在溝通放鬆的同時，加上一個動作……」、「……再加上一個臉部表情」、「……再加上一個手勢」、「……再加上一個身體姿勢變化」、「……在說話聲音裡加入一些韻律改變」、「……現在改變一下你呼吸的速度」、「…現在發出一個沒意義的聲音」、「……現在改變你們兩人之間的身體距離」。這個過程持續直到給出十到十五個具體的建議，練習結束。

討論一下運用多層次溝通的狀態。

變化題：

1. 團體領袖指示投手和教練改變角色，然後繼續這個練習。

2. 與其用放鬆當作目標，目標可以是一個情緒、一個概念或是

一種催眠現象，如：改變注意力、改變感受強度、誘發解離、或是誘發最細微反應。（更多關於催眠現象詳細資料，參考《催眠引導》〔Zeig, 2014〕）。

3. 在喚醒捕手的過程中運用這個技巧，如：「溝通讓捕手清醒過來，同時加上一個動作……」。

目的：學習策略性地運用非語言方式加強溝通，體驗一下這樣做的效果如何。

這個練習是從斐歐拉・史堡林的《即興戲劇》延伸而來。

增能練習 18A

建議：在練習完成之後再發給學員講義

治療師要發展的狀態：為了策略性效果而溝通；多層次溝通。

形式：兩人一組。

角色：一個投手，一個捕手。

練習方法：

先告知捕手會有兩個簡短且相似的催眠引導，然後請捕手暫時離開房間，私下給予投手進一步指示。（或是可以在練習開始前給投手講義讓他們事先閱讀。）投手要給予兩個類似的催眠引導，在兩個催眠引導過程中短暫地喚醒捕手。每個催眠引導可以包括十個簡單的專注引導句（如：漸進式放鬆）以及五個確認句引導。（請參見《催眠引導》〔Zeig, 2014〕）。這兩個催眠引導之間唯一差別是，投手在其中一個催眠引導刻意地、間歇地微笑，在另一個催眠引導則是完全沒有笑容。這個笑容是意味著：「我很高興看到你的愉快感受以及你的成就。」（學員可以運用以下的催眠引導腳本。）

在完成兩個催眠引導後，捕手反饋一下這兩個催眠引導的差別在哪裡。我們問捕手：「你比較喜歡哪一個催眠引導，為什麼？」最後再把答案揭曉給捕手知道。

催眠引導腳本：

你可以閉上眼睛……

你可以做一個深呼吸……

你可以把注意力放在內在……所以你可以……探索內在感受……

你可以……發現放鬆的模式……

然而我不知道現在你在身體哪裡感到最放鬆，最有趣的感覺，越來越鮮明感受……

或許你可以……在你的大腿上……體驗到放鬆……

或許你可以……在身體裡……探索放鬆的感受……

或許你可以……享受……你的頭……放鬆下來了

然而你無法體驗到……所有正在發展的放鬆感受……

而你的潛意識心智可以幫助你……體驗到那個改變的模式……

然後，當我現在跟你說話，

你的呼吸速度改變了……

你的脈搏速度改變了……

你吞咽口水的感覺不一樣了……

你的身體移動感覺不一樣了……

你的眼皮跳動不一樣了……

現在，做一個或兩個或三個深呼吸然後完全回復清醒……全然清醒。

分享討論投手和捕手的狀態。

變化題：

1. 在其中一個催眠引導，投手不笑，而是不時發出一個「啊哈」認可讚同的聲音。

2. 當捕手眼睛閉著時，投手運用一個不一致的動作來作其中一個催眠引導，如：觸碰自己的右腳大拇指，左手拇指按著鼻子，或是不時打哈欠。

3. 投手不期待捕手在一回合裡達成目標，但是在另一回合裡期待捕手達成目標。

4. 在其中一個催眠引導，當捕手閉上眼睛後，投手運用手勢來幫助口語的表達。

5. 在其中一個催眠引導，投手做些與口語暗示完全相反的多種手勢或動作。

　　目的：體驗動作細微改變的效果，建立對動作的反應，體驗到隱藏細節動作的具體效果。

增能練習 18B

建議：在練習完成之後再發給學員講義

治療師要發展的狀態：為了策略性效果而溝通；歸因。

形式：兩人一組。

角色：一個投手，一個捕手。與練習 18A 同一個夥伴，角色互換。

練習方法：

告知捕手會有兩個簡短且類似的催眠引導，然後請捕手暫時離開房間，團體領袖私下給予投手進一步指示（或是可以在練習開始前給投手講義讓他們事先閱讀）。投手做兩回合的催眠引導（與**練習 18A** 類似）。在第一回合，在捕手閉上眼睛之後，投手同頻捕手的呼吸速度，並且身體距離上與捕手靠近一些。在第二回合（捕手一樣閉上眼睛），投手沒有配合呼吸速度，身體上也保持較遠的距離。

在練習結束後，投手首先做一個強烈歸因，真誠且同理地強調當投手保持一定距離的時候，有個明顯的催眠狀態加深。接著，投手詢問捕手是否注意到兩次催眠引導的差別。在討論的最後，投手才跟捕手坦承，兩次催眠所做的呼吸同頻和身體距離的改變。兩個人討論歸因所造成的結果和效果。

催眠引導腳本：

閉上你的眼睛⋯⋯

你可以進入內在⋯⋯

你可以專注在身體的⋯⋯放鬆⋯⋯

或許你可以⋯⋯發現你的雙腳⋯⋯平衡地⋯⋯踏在地板上⋯⋯

當你做個深呼吸，你可以⋯⋯專注在你雙腳的溫暖和放鬆⋯⋯，正在逐漸發展⋯⋯發展到你的大腿上⋯⋯體驗到⋯⋯這是多麼輕鬆⋯⋯多麼容易⋯⋯

當你發現雙腳的⋯⋯溫暖和放鬆，你可以做另一個簡單呼吸⋯⋯允許那個放鬆和溫暖⋯⋯逐漸發展到⋯⋯身體其他地方⋯⋯

而你無法全然體驗到⋯⋯溫暖和放鬆可以在你的雙手⋯⋯手臂⋯⋯和手掌發生⋯⋯

而當你注意到這些感受——放鬆和溫暖⋯⋯

當你體驗到這些感受——溫暖和放鬆⋯⋯

你可以做個簡單的深呼吸，允許那個放鬆和溫暖逐漸⋯⋯專注在⋯⋯你的心思上⋯⋯

而當我在跟你說話時，有些改變正在發生⋯⋯

可能是一個全心全意的溫暖⋯⋯在身體的中心裡⋯⋯

你的心思可能是在另一個地方，跟之前的地方不一樣⋯⋯

你感覺自己跟你的頭腦有點距離⋯⋯

你的肩膀可能感覺輕鬆些⋯⋯

在你的太陽穴周圍可能有個涼爽感覺正在發生⋯⋯

現在，花點時間做一個或兩個或三個深呼吸……完全回復清醒……全然地清醒。

變化題：

投手做兩個一模一樣的催眠引導。投手在練習結束之後指出，其中一個催眠有更深的催眠狀態，可能是捕手更沒有感覺的那個催眠。在喚醒捕手之後的立即分享討論裡，投手帶有同理心地真誠堅持這兩個催眠引導有很大差異，譬如，投手會說：「你在第一個催眠進入得更深。有四個現象指出這一點：1.你的呼吸速度變慢；2.你的脈搏改變了；3.你的吞咽口水反射動作改變了；4.你的眼皮有更多快速動眼現象。」投手接著可以問說：「你為什麼會進入更深催眠呢？」「你感覺我做了些什麼事，造成你更深刻地感受深度催眠？」

然後，投手才讓捕手分享討論這兩個催眠體驗的差異。在討論之後，最後投手才把真相告訴捕手。或許，投手會不經意地把催眠結果歸因到投手身上，堅持說，「不，你在第一次幫我做催眠時真的非常不一樣」。這個變化題的目的是研究歸因所造成的效果和結果。

目的：體驗到平行溝通所帶來的細微變化效果。建立捕手的身體反應。同頻共振。發現歸因的奇特效果。

增能練習 19

建議：在練習完成之後再發給學員講義

治療師要發展的狀態：發展比喻式思考；傳遞一個多層次溝通訊息；體驗預設立場的影響。

形式：兩人一組。

角色：一個投手；一個捕手。

練習方法：

私下分別給投手和捕手指示。私下告知捕手在心中設定一個假想的問題，如：輕度憂鬱症、輕度焦慮症、親子教育問題等。告訴捕手，他可以預期一個強烈有效的催眠引導，會減緩他所設定的問題症狀。捕手不要把問題講出來，只要在自己心裡記住就行。

私下告訴投手，他將要面對一個有點難搞的個案，消極卻帶有一點攻擊性。告訴投手他的任務是做一個視覺畫面催眠引導。

當兩人面對面時，告訴投手做一個五分鐘的視覺引導，不需要討論任何問題。這個視覺催眠引導聚焦在一個鮮紅色、不規則凸出形狀、隱藏在大霧裡的物件。我們告訴投手這個畫面代表著一種消極、帶有攻擊性的憤怒。我們會運用這個視覺畫面，有兩個目的：1. 聚焦注意力；2. 象徵性地平行溝通投手所預設的捕手問題。在給予捕手一個詳細的催眠引導，把所有視覺畫面細節都描述完畢

之後，投手慢慢地、漸進式地改變那個視覺畫面，包括改變物件大小，增加一個白色顏色，讓畫面慢慢消退，移除大霧等等。在消化吸收完這個調整畫面之後，投手可以做個結束，讓捕手回復清醒。

在分享討論的部分，團體領袖指示投手解釋給捕手聽，在練習的一開始，捕手在行為上是如何地消極又帶有攻擊性。然後，投手和捕手討論一下這個催眠如何影響捕手預設的問題，是否有減輕症狀。最終，分享討論彼此所被指派的角色和任務，解釋給學員聽所有給予的指示。

目的：體驗我們頭腦裡的預設立場如何影響（或是沒有影響）結果。

增能練習 20

治療師要發展的狀態：為了策略性效果而溝通。多層次溝通。

形式：兩人一組或三人一組。

角色：一個投手，一個捕手，一個評論員（如果是三人一組的話）。

練習方法：

捕手閉上眼睛。捕手要保護自己，不要太過脆弱。捕手體驗催眠的效果不重要。

投手做催眠引導，目標可以是誘發放鬆狀態。投手提供大概十到十五個簡單暗示，每句話之間停頓一下。在每句話之後，投手用第一人稱描述自己的身體狀態，用過去式說法說，如：1.「放鬆你的腳。」「當我這樣說的時候，我讓自己的聲音變得柔和。」2.「放鬆你的膝蓋。」「當我這樣說的時候，我移動我的頭傾向你那邊。」投手可以用兩種不同的說話聲音語調——一個是用在催眠上，另一個是用在額外評論上。

在練習之後，投手跟捕手分享一下運用平行溝通是怎樣的感受。然後，捕手可以分享自己的體驗感受。記住，練習重點是提升投手使用多層次溝通的能力。

變化題：

1. 三人一組做練習，其中一人擔任評論員角色，額外述說投手所做的改變。評論員可以用第二人稱「你」的說法，如：「當你提到催眠深度時，你壓低了聲音語調。」

2. 捕手角色扮演一個問題。投手在治療過程裡，每個句子都提供額外的評論描述。或者是，三人一組，評論員額外描述投手所做的一切改變。

3. 三人一組做練習，兩個投手，一個捕手。在一號投手講完一句話之後，二號投手給一個第三人稱「他」的額外評論，如：「他現在頭向你的方向傾斜一點。」然後，二號投手給一句催眠引導，然後一號投手給一個額外評論。這樣輪流說話，大概各十到十五句話，然後結束練習。

4. 三人一組做練習，有一個評論員。評論員負責在每句話之後評論描述投手和捕手兩人的行為和動作。

5. 在評論描述的過程裡，評論員強調投手捕手兩人互動模式，如：「當你（投手）身體向前傾斜，他（捕手）做了個深呼吸，然後肩膀放鬆下來。」或者是「當你（投手）放慢你的說話速度，她（捕手）放慢了呼吸速度。」或是「當你（投手）身體向前傾，他（捕手）的身體也跟著向前傾」。

6. 在前面五句話，評論員說投手的身體動作或語調改變；在後面五句話，評論員述說捕手反應行為的模式，如：「當他做那個（X），你做這個（Y）。」

7. 四人一組做練習，一個投手，一個捕手，兩個評論員。

目的：投手探索自己的平行溝通能力，以及強化溝通訊息的效

果如何。

　　這個練習是從斐歐拉・史堡林的《即興戲劇》延伸而來。

增能練習 21

治療師要發展的狀態：為了策略性效果而溝通；多層次溝通。

形式：三人一組。

角色：兩個投手，一個捕手。

練習方法：

捕手閉上眼睛。投手慢慢地說話，投手們輪流用外星話對捕手作催眠。一號投手用外星話溝通一個放鬆。二號投手用外星話溝通一個放慢速度。譬如，催眠暗示可以是放慢動作，放慢呼吸速度，放慢想法念頭等等。

投手們最好是具體的思考，譬如「要放慢什麼東西？」「要放鬆哪個部分？」投手們要用身體來溝通訊息——運用肢體動作來溝通。腦海中有個具體目標，運用肢體動作溝通。

在練習結束後，學員們討論分享他們學到什麼，運用肢體動作溝通的效果如何。

變化題：

1. 在團體領袖的指示下，一號投手和二號投手角色互換。

2. 結合**練習 20 與 21**，有一個投手用外星語作催眠，在句子之間停頓一下；一個捕手負責體驗催眠；一個教練在每個句子

之間給予投手額外的口語指示。

3. 讓這個催眠過程成為交互式的溝通。投手用外星語問問題。被催眠的捕手盡可能地用自己的理解來回答問題。

4. 在眼睛閉上以及恢復清醒的過程中都使用外星語溝通。

5. 選擇其他目標，有別於「放鬆」和「放慢速度」，如：想像具體的視覺畫面，或是回想起鮮明的兒時回憶。誘發動機或承諾等等。

6. 整個催眠過程只使用外星語。

7. 與其使用外星語，使用聲音語調變化。

8. 與其使用外星語，只使用單一音節，如：「噠噠噠」。

9. 發出哼哼哼的聲音，而不使用外星語。

10. 在治療角色扮演情境裡，使用外星語、語調變化、或是單一音節，如：暗示個案「戒菸」或是「吃少一點」。

11. 在角色扮演裡，運用外星語做系統化去敏感，或是動眼減敏及重新處理治療方法。

12. 兩人一組。投手選擇三個可能目標其中一個—放鬆、視覺畫面或是鮮明回憶——用外星語來達成其中一個目標。不要告訴捕手目標是什麼。在練習結束後，詢問捕手他體驗到哪個目標。

13. 角色扮演治療情境，治療師只能用聲音來響應，如：「噠、嗚、喔、嘎」。避免一些較常用的聲音，如：「嗯，哼」。

目的：投手們要單獨發展非語言方法，引導導向目標。透過運用聲音音調、速度和強調（平行溝通）來建立對方的身體反應。注意到平行溝通的效果。

增能練習 22

治療師要發展的狀態：為了策略性效果而溝通；多層次溝通。

形式：三人一組或四人一組。

角色：兩個或三個投手，一個捕手。

練習方法：告知捕手練習當中可能會有肢體接觸，得到捕手的同意。捕手閉上眼睛。每個投手用一個詞語來作催眠，同時透過平行口語溝通的方式來增強溝通。一號投手用「放鬆」這個詞。二號投手用「聚焦」這個詞，三號投手用「專心」這個詞。這個詞可以講一次，或是重複講幾次。投手可以運用不同的平行口語溝通方式進行——如：音調、說話速度、說話聲音的方向、強調語氣以及肢體觸碰等等——來指出聲音的位置、聲音強度，誘發催眠效果。投手們輪流做催眠引導。每個投手做十個不同的變化。

變化題：

1. 投手們運用催眠來產生想要的反應和效果，每個投手用具體的聲音語調或是發出聲音變化，如：發出嗡嗡的聲音，或是製造拍手的聲音。

2. 投手們只用肢體溝通方式來創造催眠現象，改變聚焦、改變感受強度、解離以及誘發細微身體反應。

3. 在一連串的催眠之後，團體領袖指示投手們同時說話進行催眠引導。

4. 捕手一開始眼睛是睜開的。一號投手一開始的催眠引導要想辦法運用「聚焦」這個詞暗示捕手閉上眼睛。

5. 捕手在眼睛睜開的情況下進入催眠狀態，投手們用手勢作為線索來溝通。

6. 只能選擇用一個詞，投手們想辦法逐步發展一個催眠現象目標，如：手臂漂浮，讓捕手產生身體反應。

7. 在喚醒捕手恢復清醒的過程中，只能運用關鍵詞，「放鬆」、「聚焦」和「專注」。

8. 五個人一組做練習（包括四個治療師和一個個案），角色扮演一個「治療情境」，過程中照順序運用這四個詞，「聚焦」、「放鬆」、「記住」、「整合」。每個治療師只能用一個詞作治療。個案在一開始先討論要處理的問題是什麼。這個練習也可以是兩人一組，一個個案，一個治療師，治療師只能用那四個詞作治療，看哪個詞最適合當時情境。

9. 兩人一組做練習，投手只能用「是的」，以及每句說話裡都要有「沒錯，就是這樣」來做練習。這個詞和這個句子可以重複使用很多遍。

10. 角色扮演治療過程。治療師只能使用以下的問句：「誰？什麼？何時？在哪裡？如何做？為什麼？為什麼不？」

目的：投手學習創造力狀態。投手學習如何運用平行溝通的方法，而不是使用說話內容來誘發捕手體驗到目標反應，投手學習禮物包裝技巧。

增能練習 23

治療師要發展的狀態：為了策略性效果而溝通；多層次溝通。

形式：兩人一組。

角色：一個投手，一個捕手。

練習方法：投手只用下面這句話作催眠引導：「你可以讓自己沉浸在催眠體驗裡。」捕手重複這句話，把「你」這個字改成「我」的說法。如：

投手：你可以讓自己沉浸在催眠體驗裡。

捕手：我可以讓自己沉浸在催眠體驗裡。

投手需要說這句話十遍，每次在不同的地方強調，音調改變或是停頓等等。每次重複述說時，投手要致力於誘發獨特反應。在說句子之前，投手決定一下目標是什麼，如：誘發回憶、誘發感覺、誘發畫面等等。這個練習不要有身體接觸。相反地，運用聲音語調的改變、說話速度的改變、說話位置的改變，各種不同方式來說這個句子，每次重複都帶有不同目的。

投手可以在這句話裡有四種改變：1. 增加簡單的強調詞，如：

「真的」、「非常」、「全然」，以及「現在」；2. 偶而在句子當中叫對方的名字；3. 重複述說句子裡的某個詞一、兩遍；4. 只說句子的某個部分，而不講完整句子。記住，投手在說話開始前就要知道自己想要的目的是什麼。

變化題：

1. 捕手不重複述說投手的話語，只是被動地接受這句話。

2. 三人一組做練習，兩個投手輪流給催眠引導。二號投手說以下句子：「你可以……（穿插說捕手的名字）……很自然地對任何暗示放鬆的話語有反應。」

3. 三人一組做練習，一個人當教練，教練負責重複投手的某個詞語，並改變音調、語氣。

4. 三人一組做練習，一個人當教練，教練負責重複投手和捕手的某個詞語，並改變音調、語氣。

5. 三人一組做練習，有一人當「回音」，回音坐在捕手後面。為了提供回饋，回音模仿投手的話語、強調語氣和動作。

6. 運用連接詞。在每次句子的開始使用連接詞，如：「以及」、「或者」、「但是」、「當」等等。（參考 Zeig，2014 關於連接詞的重要性）。

7. 在每次說話之前，投手先用一、兩個詞告知捕手他的意圖是什麼，如：「放鬆」、「增加深度」、「專注內在」、「建立身體反應」等等。

目的：投手學習透過平行溝通（重複某個詞語，但是語氣、口氣不同）來創造並潤飾催眠暗示。

增能練習 24

治療師要發展的狀態：為了策略性效果而溝通；多層次溝通。

形式：三人一組。

角色：學員 A 是一號投手，也是三人當中最會做催眠的人。學員 B 是捕手。學員 C 是影子投手，也是三人當中最不會做催眠的人。

練習方法：捕手閉上眼睛。一號投手做一個催眠引導，大概十到十五句話（或是做一個漸進式放鬆），每講一句話就停頓一下，然後影子投手（回音）立即跟著重複說一遍。影子投手要盡可能地維持一號投手原汁原味的說法，包括話語內容、身體姿勢、動作、音調、表情等等。

變化題：

1. 在團體領袖的指令之下，三個人角色互換。

2. 影子投手扮演「督導」的角色，提供各方面的強化效果，包括聲音、動作、表情、話語內容等等，強化投手的溝通訊息。影子投手傳遞一號投手的基本訊息，做一些細微的正向調整改變。譬如，影子投手可以一字不漏地重複說一號投手的每個字句，只在身體動作上做個小調整。或是反過來，影

子投手可以全然模仿一號投手的身體動作，而在字句上做個小調整。在影子投手重複那個字句之後，一號投手可以模仿重複影子投手所做的調整改變，然後再給下一個催眠引導句。影子投手要強化一號投手的訊息，而不是單調地重複一遍。

3. 影子投手強化催眠暗示，用來增強催眠目標，如：改變注意力、改變感受強度、解離，或是建立細微反應。

目的：一號投手和影子投手學習如何強化訊息。

增能練習 25

治療師要發展的狀態：溝通進而產生策略性效果；多層次溝通。

形式：三人一組

角色：一個投手，一個捕手，一個配音員。練習進行三輪，因此每個人都可以練習到不同角色。

練習方法：捕手閉上眼睛。投手對捕手做一個催眠引導。用一個簡單的跟隨和帶領的方法進行，如：「你現在坐在椅子上，你可以閉上雙眼……」、「你的雙腳踩在地板上，你可以放慢呼吸的速度……」等等。所有的說話都要遵照以下模式。投手說每句話時必須運用手勢動作，手勢動作可以稍微誇張一點。配音員站在投手的後面。過一小段時間，投手停止口語溝通，只用肢體動作溝通。投手可以只動嘴巴，而不發出任何聲音說話。配音員配合投手的動作提供聲音話語。投手必須用手勢和動作來帶領，因此配音員可以正確地提供聲音話語。當投手跟配音員天衣無縫地配合，這個配音就很有效。他們會從語言和非語言（身體動作）的觀點體驗到跟隨和帶領。

變化題：當團體領袖給個指令，投手和配音員交換角色。

目的：聚焦在訊息的輸出，獲得理想結果。強化手勢動作的使用。

這個練習是從斐歐拉·史堡林的《即興戲劇》延伸而來。

增能練習 26

治療師要發展的狀態：成為策略性治療師；強化訊息。

形式：三人一組

角色：兩個投手，一個捕手。

練習方法：這個練習幫助你鍛練 SIFT 過程 —— 設定（Set up）、治療主軸（Intervene）、跟進（Follow Through）。

投手透過三步驟過程來誘發目標，策略性過程，跟隨（設定），治療主軸（目標），以及激勵（跟進）。治療主要目標是「夾心三明治」，介於跟隨和激勵步驟之間。「跟隨」可以透過一個簡單、直接的真實句來完成，根據捕手的行為作為基礎。

以下是三個目標：

1. 創造催眠狀態。投手做一個催眠引導：（1）誘導個案聚焦在內心狀態；（2）修正內心感覺的強度；（3）創造解離現象；（4）給予細微線索誘發身體反應。

2. 增加催眠狀態強度（給予催眠暗示，增強個案參與的深度）。

3. 誘發鮮明清晰的回憶。

注意一下，我們通常會用邀請的口氣來做催眠引導。

你也可以每一次增加一點變化，重複以上三個目標，但要照著這個順序一步一步做。當我們為了個人的目標量身訂做一個理由，就能激發個人動力。要激勵個案，有個方法是運用一個詞「因為」，然後在詞後面加上相關的理由來激發動力。在練習開始之前，捕手可以告訴投手們自己比較喜歡的催眠方式，如此投手們就可以幫捕手量身訂做有效的動力激發催眠。

以下是三步驟過程的例子：

（跟隨）你正看著我……

（目標）你可以閉上眼睛……

（激勵）……因為專注在內心裡是一件這麼美好的事。

（跟隨）你的眼睛閉起來了……

（目標）……你可以感覺到內心的舒適如何逐漸增加……

（激勵）……因為有這麼多美好感受等著我們去發現。

（跟隨）……你可以注意到你的眼皮這麼自然地跳動著……

（目標）……然後你可以……睜開你的眼睛……體驗到許多新鮮的經驗。

（激勵）……因為能夠轉換一個新觀點和新視野是一件很棒的事。

這個練習是一種雙重催眠引導。在一號投手講完整的「夾心三明治」催眠引導後，二號投手接著講類似的話語。

在團體領導的指令下，適時交換角色，所以每個人都可以體驗到不同角色。練習後的討論要聚焦在描述治療師本身如何進入一個策略性治療師的狀態。

變化題：

1. 投手們致力於建立一個關係可以連結三步驟：設立、目標、跟進，如：「你的手（hand）可以放鬆下來（設立），你可以容易上手地（handily）放鬆下來（目標），因為你的無意識可以一手（hand you）帶給你許多愉悅的感受（跟進）。」

2. 投手們選擇多樣目標，改變行為和心理上的目標。一開始使用一個行為目標，像如：眼睛閉起來；接著一個心理目標，如：建立舒服的感覺；接著一個行為目標，如：放慢呼吸的速度；再接著，一個心理目標，如：增強那個舒服的感覺。

目的：幫助學員體驗到，當我們策略性運用一個戲劇化過程，就算是簡單的目標都可以被強化。

增能練習 27

治療師要發展的狀態：為了策略性效果而溝通；多層次溝通。

形式：兩人一組。

角色：一個投手，一個捕手。

練習方法：

捕手閉上眼睛。投手幫捕手做一個催眠引導。不要告訴捕手催眠會使用什麼方法。練習結束後可以給捕手講義，或者是捕手先暫時離開房間，團體領袖解釋遊戲規則給投手聽。

這個練習使用一個方法是，三個句子一組的漸進式組合。漸進式的方法有一個主題，然後有許多不同變化；並不是單調重複。例如，「你正在學習重要的事情……那些事情真正會牢記在心……那些事情提供新的意義。」

運用漸進式組合有四個催眠上的目標：改變注意力、改變感官強度、催眠解離，以及建立隱藏的反應。

結束後討論策略性狀態。

變化題：使用漸進式過程來給予治療上的建議，如：把一個問題拿來角色扮演，或感覺自己沒有辦法戒菸，或是恐懼坐飛機。把漸進式方法運用在重要的治療主軸上。

目的：強化訊息。漸進式方法提供一個機會，使聆聽者可以更好地消化吸收概念化訊息。

增能練習 28A

治療師要發展的狀態：強化訊息；善用隱喻。

形式：兩人一組。

角色：一個投手，一個捕手。

練習方法：

練習一：捕手扮演一個個案，帶著一個簡單問題，包含了中度的焦慮／憂鬱，一個壞習慣，或是一個親密關係問題。投手用簡短的語句響應，並多使用手勢和手部動作——用手勢表達同理心理解，瞭解捕手的情緒感受，如：「你正在感受的就像這樣（做手勢）。」「或是像這樣（做另一個手勢）？」投手要用比喻式的思考。那個深層的情緒表達是像什麼？不論捕手做什麼樣的情緒表達，投手回饋給對方，並且用一個象徵式的動作強化誇張。投手要限制自己說話的字數，最主要運用手勢。話語就像是「框架」，手勢才是主要溝通基礎。

持續這個練習至少十個主題。慢慢做。彼此討論一下感受到什麼。什麼「狀態」被喚醒了？記住，這個練習是設計來發展投手的狀態，並不是要療癒捕手。

練習二：角色交換。投手用聲音響應捕手的問題，而不是用手

勢。無論捕手表達了什麼情緒，投手用最簡單的字句回饋給對方，發出一個聲音來強化回饋，或是發出一連串的聲音。可以是喉嚨的聲音，一些音節，一段音樂，一個唱歌，一個口哨等等。至少在十個主題上做這個練習。例如：「這個感覺更多是『麼』，還是『麼麼噠』？」

　　目的：學習運用手勢和聲音。手勢和聲音都是溝通訊號。訊號會誘發情感，而不是語言。創造活靈活現的隱喻。透過視覺和聽覺的加強來提升同理心。

增能練習 28B

治療師要發展的狀態：強化訊息；善用隱喻；順勢而為。

形式：兩人一組。

角色：一個投手，一個捕手。

練習方法：

這是練習 28A 的延續。回到你一開始的角色。

練習三：捕手角色扮演一個個案，帶著一個簡單問題，如：焦慮、憂鬱、壞習慣或是關係衝突。投手用一個簡單的句子回應，順勢而為地使用一個物件來表達對捕手情緒訊息的同理心理解，如：「你現在感受到的就是像這一個物件（運用物件）。」「你的感受更多是像另一個物件？」投手要用比喻式思考：「那個深層的、根本的情緒是像什麼？」當捕手表達了一個情緒，投手給予一個同理的回饋，同時用一個物件的象徵動作來強化那個回饋。這個物件可以是隨手可得的東西，鉛筆、眼鏡、咖啡杯。你可以選擇不同的物件，或是重複使用同一物件。投手要限制自己，盡量少說話。在這個練習裡，說話是次要的，順勢而為運用物件是主要的。

至少練習十個主題。慢慢做，討論一下彼此的體驗。什麼「狀態」被誘發了？記住，這些練習是設計來發展投手的狀態，而不是

療癒捕手。

練習四：角色交換。投手透過詢問例外情況來響應捕手的問題，如：「當你做得更好的時候（當你更快樂時），這就像是什麼？」「這還會像是什麼？」投手可以運用手勢、聲音以及物件來強化例外情況的體驗。資源狀態有一些元素，這些元素是什麼？學習把它們象徵化表達出來，創造活靈活現的隱喻。

變化題：投手對於捕手的問題用姿勢來回應。

目的：強化訊息。在練習三，我們強化同理心。在練習四，我們強化焦點治療效果。任何治療學派的治療方法，可以透過體驗來強化。

增能練習 29

（強化訊息演練）

治療師要發展的狀態：強化訊息；多層次溝通。

形式：三人一組。

角色：一個投手，一個捕手，一個教練。

練習方法：

捕手閉上眼睛。投手做一個催眠引導，讓捕手放鬆下來。在規律的間隔裡，教練給投手以下的多變建議：

1. 提供一個策略性的空白停頓。

2. 策略性地改變說話的速度。

3. 策略性地改變身體姿勢。

4. 運用吟詩的音調。

5. 運用漸進式風格（每次重複都帶一些變化）。

6. 使用手勢來強調。

7. 策略性地加入聲音。

8. 策略性地運用模糊語句。

9. 增加視覺畫面的使用。

10. 使用隱喻。

11. 在溝通裡加入連接詞，使句子變得很長。

12. 使用三步驟過程（SIFT）。

在團體領袖的指令下，教練和投手角色交換。

變化題：用角色扮演一個問題來取代催眠引導。

目的：投手親身體驗強化溝通信息會帶來什麼感受。

簡介：增能練習 30-35

下個系列的練習會提到狀態的幾個不同領域，包括了量身訂做、禮物包裝和心理層面的溝通——額外概念，如何強化溝通訊息。我提供一個簡單的概觀，因為這些是比較大的分類項目，我們無法在本書中詳細描述。

量身訂做意思是用個案的經驗式語言來溝通。要做到這一點，需要評估個案的人格特質，包括語言的元素、人際互動模式、感官感知的傾向，以及重要個人歷史。要量身訂做，我們需要考慮個案的價值觀、行為模式和習慣。能夠把量身訂做做到爐火純青的人，通常可以快速地瞭解對方在這世界地圖的方位——所在的位置是正向積極還是負面悲觀。譬如，一個人可能很看重為別人服務，而另一個人可能是看重照顧自己。一個人可能喜歡讚美別人，而另一個人可能傾向於抱怨。一旦我們瞭解一個人的價值觀和傾向，我們就可以透過對方的濾鏡量身訂做溝通訊息。例如，如果一個人看重藝術，改變可以用藝術化的方式引導。如果一個人持續抱怨又想要戒菸，當他感覺有抽菸的衝動時，他可以試著去找個人抱怨一番。（最好的情況是，抱怨一些別的事情，不要牽扯到抽菸。）

第二個概念，禮物包裝（在**增能練習 1** 有提到），我們會進一步在接下來的練習中深入探討。

第三個概念，強化溝通訊息是心理層面溝通的運用。治療師應

該都知道，個案所說的和個案心裡所想的可能不一樣。治療師經常會向個案解釋他話中真實含意是什麼。佛洛伊德的名言是，「不論本我（id）在哪裡，自我（ego）就在哪裡。」然而，如果個案夠聰明，說一件事，實際意味另一件事，治療師也應該同等聰明。運用多層次溝通可以激發個案的獨特體驗。這是另一種方式去創造許多線索，最終，個案會帶著一種滿足的成就感，把這些線索串連一起。

　　這三個領域我們都可以把它們理解為概念和狀態。一些教條式的訊息可以幫助學習，但是經驗式的方法會更有效，用來創造提升治療師能力的概念、狀態和身分。

增能練習 30

（濃縮精華湯 1）

治療師要發展的狀態：量身訂做。

形式：三人一組。

角色：一個捕手，兩個投手。

練習方法：

捕手提供與自己有關的三個正向形容詞，如：仁慈、樂觀、喜歡幫助別人。捕手閉上眼睛。兩個投手做一個雙重催眠引導或是漸進式放鬆，一人一句話輪流進行。

一號投手用二十個字說話，其中一個詞必須是捕手剛剛講到的三個正向形容詞其中之一。二號投手接著一號投手的話繼續說，一樣也要用三個正向形容詞裡其中一個。然而，二號投手只能用十九個字說一句話。投手們輪流交替作催眠引導，每講一句話都要少一個字，同時還要包含三個正向形容詞其中一個。當其中一個投手說到只剩下一個詞時，也就是只能講正向形容詞時，練習就結束了。

提醒，正向形容詞可以稍微修改，例如「美麗」（beautiful）可以修改成「全然美麗」（beauty full）。「負責任」（Responsible）可以修改成「能夠反應」（response able）。許多字詞有雙重意義，如「打開」（open）可以用來表達一種態度或是一種動作。

捕手可以回饋量身訂做的效果感受，也可以回饋當這些正向形容詞被量身訂做地傳遞給他時，他的體驗感受是像什麼。投手們可以分享把訊息量身訂做地回饋給捕手是什麼樣的體驗和感受。投手們進入一種量身訂做訊息的心理狀態裡。

變化題：

1. 捕手提供三個簡單的個人目標，如：舒服、放鬆，或是有鬥志，而不是說正向形容詞。投手們每次說話時都要包含其中一個目標在句子裡。

2. 捕手提供兩個目標和兩個正向形容詞。投手們每次說話都要包含一個目標或一個正向形容詞。

3. 捕手提供三個形容詞，描述他以前的催眠體驗是什麼。

目的：體驗到量身訂做是一種狀態或概念，同時把目標牢記在心。

增能練習 31

（濃縮精華湯 2）

治療師要發展的狀態：禮物包裝；量身訂做。

形式：三人一組。

角色：一個捕手，兩個投手。

練習方法：

捕手閉上眼睛。投手們輪流說話，做一個談話式雙重催眠引導。這是催眠治療裡的自然療法，我們不會刻意定義個案是否在催眠狀態裡。投手們的目標是要誘發放鬆狀態。投手們要合作無間地講一個連貫的故事。在說故事開始之前，投手們可以事先商量好故事內容、主題和故事裡的角色。一號投手開始說故事，只可以使用二十個字，或許用手指幫忙數數，才不會超過。為了持續放鬆的目標，二號投手從一號投手結束的地方接續，繼續說故事，只能用十九個字。投手們輪流交替，每次都少一個字。當其中一個投手說到只剩一個詞的時候，練習結束。

角色交換。在第二回合，捕手描述一個個人興趣，投手們必須直接或間接地在每句話裡提到這個興趣，繼續說故事。在第三回合，捕手描述一個簡單的個人目標（除了催眠放鬆之外的目標），投手們輪流說故事，幫助捕手感受那個目標。

捕手透過自己體驗，描述一下當收到一個禮物包裝的訊息時，那種感受是像什麼。投手們可以透過自己的體驗，描述透過一個故事來禮物包裝（引導導向）是什麼樣的感受。

目的：禮物包裝，並把目標牢記在心。根據個人的價值觀、目標和興趣來量身訂做訊息傳遞。

增能練習 32

建議：在練習完成之後再發給學員講義

治療師要發展的狀態：量身訂做；同頻共振。

形式：兩人一組。

角色：一個捕手，一個投手。

練習方法：

捕手保持眼睛睜開。投手提供一個簡短的催眠引導，運用漸進式放鬆，或是積極視覺想像。不事先告知捕手會使用什麼樣的方法。捕手先暫時離開房間，團體領袖解釋練習過程給投手聽。

要用什麼方法來進行是由投手決定。在練習開始前有一個關於興趣和嗜好的簡短訪談。提供兩個短的催眠引導，其中一個是從一開始，投手透過鏡像模仿，同頻到捕手的身體姿勢和動作。這個模仿必須是不讓人起疑心的。你可以有一秒鐘的延遲再模仿，做的動作不要一模一樣。例如，如果捕手頭傾向某一邊，投手的頭也可以稍微傾向一邊。另一個催眠引導就不需要同頻。

角色互換。新捕手先暫時離開房間，團體領袖解釋練習過程給新投手聽。在練習開始前有一個關於興趣和嗜好的簡短訪談。提供兩個簡短的催眠引導，其中一個是從一開始投手就細微地同頻到捕手，用一種精煉方式做鏡像模仿，只在捕手吐氣時說話，調整自己

眨眼皮的速度到跟捕手一樣，運用捕手的自然說話速度來講話，模仿捕手的語言模式等等。另一個催眠引導就不需要鏡像模仿。

分享討論隱晦的同頻共振狀態。

變化題：運用這個過程來給予一個治療目標，如：戒菸或是消除坐飛機的不安。

目的：隱蔽地與另一個人同頻，來刺激反應增加。精妙地建立同盟關係。

增能練習 33

治療師要發展的狀態：禮物包裝；心理層面溝通。

形式：三人一組。

角色：三個人都是投手，輪流說話。

練習方法：在整個練習過程中，三個學員都想像自己懷裡溫柔地抱著一個嬰兒，輕輕地搖擺身體。在彼此的談話過程中，每個人用三到四句話來描述客廳裡的一個家俱，但是這個溝通裡必須精妙地隱藏一個性暗示。例如，在描述一張桌子時，一個學員可以談到發現光滑柔順的桌腳。學員們在說話的同時，還要確保那個「想像的懷中嬰兒」是舒服的，不會發現那個描述的隱藏含義，也不會受到打擾。

學員們必須建構一個多層次溝通訊息，分享一下這樣做的感受是什麼。

目的：體驗多層次溝通。

EXPERIENTIAL EMPOWERMENT PSYCHOAEROBIC_{SM} Exercises
www.psychoaerobic.org
Copyright 2015 Jeffrey K. Zeig

增能練習 34

治療師要發展的狀態：禮物包裝；心理層面溝通。

形式：三人一組。

角色：三個人都參與在談話裡，每個人輪流講三到四句話。

練習方法：學員們從小孩子的角度開啟一段談話。他們想像旁邊就站著一個大人。他們在談論一個玩具，但是他們溝通隱藏的訊息是：「別讓任何人知道這個祕密」。學員們要含糊地從小孩子的角度聊天，所以那個想像的大人不會知道實際溝通訊息是什麼。

學員必須組織一個多層次溝通，分享討論這樣做的感受是什麼。

目的：體驗多層次溝通。

增能練習 35

建議：在練習完成之後再發給學員講義

治療師要發展的狀態：在多種層面上溝通。

形式：三人一組。

角色：一個投手，兩個捕手。

練習方法：

捕手們先暫時離開房間，團體領袖告訴投手該怎麼做。捕手們回來，投手對兩個捕手做同樣的催眠引導。投手分別同時（盡可能同時）對兩個捕手說話，建議其中一個人感受放鬆，建議另一個人手臂飄浮（或是鮮明回憶）。

投手分享一下，同時在不同層面上對不同人說話是怎樣的感受。分享完角色互換。

變化題：

1. 投手對兩個捕手使用稍微不同的說話音調。

2. 投手跟正在說話的那個捕手呼吸同步，只在他吐氣時說話，轉過頭來再跟另一人呼吸同步。

3. 每個捕手講述一個催眠目標。投手要根據捕手的催眠目標量身訂做催眠引導。

目的：體驗多層次溝通。

簡介：增能練習 36 ~ 42

　　以下六個練習是用來發展順勢而為的狀態，順勢而為是艾瑞克森學派最核心重要的原則概念。順勢而為是解決方案的根基。（進一步的訊息，請參見我在 2006 年所寫的書《「百川匯流」》）關於順勢而為那一章）。

　　順勢而為是一種效能哲學。它是處在心理問題的對立面，心理會有問題就是因為缺乏順勢而為的能力。在治療裡，經常有個案感覺自己沒有能力和資源去改變或克服問題。兩相對照，治療師可以透過實際體驗，向個案展示這樣的資源確實存在。在生活的整體層面上，確實存在某些東西可以被正面運用。艾瑞克森醫師所有的療癒個案都是奠基於順勢而為。這是創造改變的關鍵。

　　胡安・龐塞・德萊昂（Juan Ponce de Leon）並沒有在美國佛羅裡達州找到不老泉水，但是米爾頓・艾瑞克森在美國鳳凰城找到生生不息順勢而為的泉源。對治療師而言，順勢而為是一種長生不老藥，是一種對抗筋疲力盡的解藥，是一種保持精力旺盛、充滿活力的仙丹。創造力是順勢而為的副產品。

　　艾瑞克森的眾多案例都點出，順勢而為是創造力的老祖宗。一個著名的案例是，有個思覺失調的病患，自稱自己是耶穌基督，積極地要傳教給醫院的所有員工和病患，要他們信仰基督教。艾瑞克森醫師跟這個病患講，「先生，我聽說你是一個很優秀的木匠工人

（耶穌在世時曾做過木匠工人）。」當病患確認這個說法，艾瑞克森醫師邀請這個病患去醫院的木工部門幫忙，讓病患參與在對社會有貢獻的事情裡。艾瑞克森醫師順勢使用病患的隱喻。

順勢而為是一種狀態，而不是技巧。當我們在做治療時，這是第一個重要狀態。這是治療師的核心催眠狀態。治療師進入順勢而為的狀態，成為一個「隨時準備好」的人，準備好對任何情境做出積極、正向的反應。

為了發展順勢而為的狀態，以下的練習必須經常反覆鍛練。**增能練習** 36 或許是整本書最重要的一個練習，所以要更加密集鍛練。

提醒：有一個關於順勢而為的演講，裡面有一段**增能練習** 36 的示範，你們可以在網路上找到。當時我在南加州大學擔任傑出教授，錄下這一段行為科學影片。另外，還有一個影片是我和理察・西蒙（Richard Simon）的對話討論，他是美國心理治療協會的編輯，我們討論到艾瑞克森醫師在 1964 年一個催眠大會上所做的一個催眠示範。這段影片讓我們看到，艾瑞克森醫師是從他的順勢而為狀態來做催眠治療，而不是從技巧層面來做催眠。（關於這兩段影片的連結，可以在這個網址上找到：www.psychoaerobics.org）

增能練習 36

治療師要發展的狀態：順勢而為。

形式：三人一組。

角色：一個捕手，一個投手，一個教練。

練習方法：

這個練習是鍛練投手的發展。捕手最主要只是投手可以練習說話的對象。教練則是「提供干擾」的人。你將會看到，教練和捕手都是幫助投手的人，在練習結束後他們會提供回饋給投手。

捕手閉上眼睛。捕手要懂得保護自己，不要讓自己脆弱受傷。投手一開始做一個催眠引導。最好是用一個「順勢而為」的催眠引導，運用捕手的行為和周遭環境來幫助誘發催眠狀態的產生──引導注意力、改變感受強度、誘發解離現象、建立隱藏的細微反應。（如果不熟悉催眠技巧，投手可以做一個放鬆引導、視覺想像引導，或是角色扮演治療過程）。大概在催眠開始幾分鐘之後，教練就用以下的清單給予投手指示，大概每隔三十到六十秒就換一個詞。教練提供八個指示，每個類別給兩個指示。

1. 教練說一個房間裡的物件──桌子、椅子、窗戶。

2. 教練說一個正向或負面內在狀態或情緒，如：舒服、好奇、

緊張。

3. 教練說一個聲音的刺激，如：拍手兩下，彈一下手指，腳用力踏地板。

4. 教練說一個隨機的名詞，如：微信、漢堡、足球、南美洲。

教練對於每個類別說兩個指示，如：兩個房間物件、兩個內在情緒等等。每個指示需要間隔三十到六十秒，要讓這個指示無法預期。投手必須要把教練所給的指示立即運用到催眠引導裡，然後繼續建立催眠。在一小段時間後，教練再出奇不意地給下一個指示。

投手可以運用文字遊戲、成語、同義詞、格言諺語。譬如，有個開門的聲音，投手可以順勢而為地說：「你可以打開感官的大門。」如果有個聲音是東西掉落到地上，投手可以接著說：「事物可以自然地落下，歸回到原本所在之處。」如果教練的指示詞是「地板」，投手可以說，「你可以讓自己腳踏實地地感受到自己越來越舒服自在，更踏實。」如果教練說了一個詞是「南美洲」，投手可以順勢而為地說：「你可以不停地探索邊界，繼續在你的內在旅行，直到你安住在心，發展出一種舒適感覺」。

在這個練習過程中，投手要發展出屬於自己的順勢而為狀態。這個狀態就像其他的狀態一樣，如：催眠狀態、感興趣狀態、好奇狀態。在練習結束時，投手描述自己那種順勢而為的狀態是什麼感受。我們可以參考「狀態清單」。

在練習結束後，捕手和教練提供行為反饋（聽覺和視覺的反饋），如：投手的聲音聽起來如何，投手在最佳的順勢而為狀態裡看起來怎樣。這些反饋會幫助投手種下「心錨」，在以後可以隨時取用自己的順勢而為最佳狀態。捕手不用談論自己的催眠感受。這

個練習是要聚焦在投手體驗自己的順勢而為狀態。

這不是一個簡單的練習，很多時候投手感覺是「笨手笨腳」地進行，而不是從容優雅地順勢而為。但是，投手有八個機會去體驗順勢而為狀態的主觀感受。短暫地體驗到順勢而為的感受是一個好的開始，將來可以發展順勢而為狀態到身體記憶裡。

角色交換，重複這個練習，每個人都有機會輪到當投手、捕手和教練。

目的：體驗到順勢而為狀態。與其用頭腦理解順勢而為是一種技巧，最好的方法是體驗到順勢而為是一種狀態，一種體驗狀態。

增能練習 37

治療師要發展的狀態：順勢而為。

形式：兩人一組。

角色：一個捕手，一個投手。

練習方法：

投手用自己喜歡的方式做一個催眠。可以用一個順勢而為的催眠引導。一個順勢而為的催眠引導包括了，將對方的動作行為回饋說回給對方聽，朝著催眠現象的方向發展（誘發改變，在專注力上、在感覺強度上、在解離上、在行為反應上）。

在催眠狀態發展出來之後，每隔幾分鐘的時間，投手請捕手說話回饋以下的問題，「你現在體驗感受到什麼呢？」或是，「現在你感覺內在發生什麼？」投手把捕手所回答的感受答案，拿來回饋給捕手，如果是正向的答案，就強化它，如果是負面的答案，就把它最小化。根據這個回答提供一個催眠現象的參考經驗或是每日生活的例子。參考經驗和每日生活例子是不一樣的：參考經驗是個人過去歷史所發生過的事件；每日生活例子是一般大眾的經驗。一個參考經驗可以這樣說：「你曾經體驗這樣的事情……」；一個每日生活例子可以這樣說：「我們都有這樣的經驗……」。

案例一（強化效果）：

投手：你現在體驗到什麼？

捕手：寧靜。

投手：你可以感覺到內在全然地寧靜……

案例二（參考經驗）：

投手：你現在體驗到什麼？

捕手：寧靜。

投手：你曾經體驗過、享受過寧靜的感受。譬如你可以回想起
自己坐在沙灘上，在一個溫暖的夏日午後，當你……

案例三（每日生活例子）：

投手：你現在體驗到什麼？

捕手：寧靜。

投手：一個人可以開著車，完全沒有聽到引擎的聲音。體驗一
下內在的寧靜。

案例四（最小化）：

投手：你現在體驗到什麼？

捕手：緊張。

投手：現在，在此時此刻，可以有一點小小的緊張，在身體某
個特定地方。

目的：為了學習艾瑞克森順勢而為狀態裡核心的三種能力：強

化一個體驗，獲取一種參考經驗，運用每日生活經驗例子。治療師可以順勢而為運用生活裡的情境。

增能練習 38

治療師要發展的狀態：順勢而為。

形式：兩人一組。

角色：一個捕手，一個投手。

練習方法：

投手用自己喜歡的方式做一個催眠。在催眠狀態建立之後，每隔幾分鐘時間，投手請捕手用口語回答以下問題，「你現在體驗到什麼？」投手要用捕手所回應的答案去組織之後的催眠深入過程。投手可以用量身訂做的概念設定一個催眠（或是治療）目標。其中一種方法是把捕手所講的話裡某個概念，做個修正調整，使之成為一個催眠目標。

投手可以在問問題時做些調整改變，如：提高音調或是強調某個字詞，如此一來，一個音調的改變可能帶出一個重大意義改變，如：你現在體驗到「什麼」？現在「你」體驗到什麼？你現在「體驗」到什麼？你「現在」體驗到什麼？你現在體驗到什麼？

例子一：

投手：你現在體驗到什麼？

捕手：我聽到電風扇的聲音。

投手：你的意識心智可以清楚地聽到風扇的聲音，而你的無意
　　　識心智可以體驗一個全新的舒服和放鬆。

例子二：

投手：你現在體驗到什麼？

捕手：我很好奇你接下來會說什麼。

投手：你可以有很多種好奇的方式聚焦在內心感受。

　　目的：鍛練順勢而為的狀態。練習順勢而為以及量身訂做。投
手把捕手的回答轉化成催眠引導話語。發現一個小改變可以造成一
個系統化連鎖反應。

增能練習 39

治療師要發展的狀態：順勢而為。

形式：三人一組。

角色：一個捕手，兩個投手。

練習方法：

這個練習是為了鍛練投手的發展。捕手最主要是作一個投手可以練習的對象。捕手必須保護自己，不能讓自己脆弱受傷。

投手做一個簡單的催眠引導，誘發催眠狀態。一號投手開始做一段催眠，然後，一小段時間後，做一個明顯的「錯誤」，如：突然咳嗽、話講到一半卡住，或是用「不正確」的形式，如：用權威命令的口氣說話，而不是用接納包容的語氣（「你必須要進入催眠」，而不是這樣說，「你可以進入催眠」）。二號投手隨即接手一號投手的錯誤，並且順勢而為運用那個錯誤。

以下是一些例子：「你的無意識心智可以咳出很多愉悅的經驗，你可以享受那些經驗。」「你可以讓時間暫停，因此你可以享受越來越舒服的感受。」「你的內在心智可以有自己的強烈主見，做一個權威，這會幫助你體驗到更多的放鬆。」

在順勢而為運用那個錯誤之後，二號投手繼續作催眠引導。然

後過一會兒，二號投手做一個明顯的錯誤，一號投手要馬上接手，順勢而為地運用那個錯誤作催眠引導。每個投手大概製造並且順勢而為運用五到六個錯誤，然後這個催眠就可以結束了。然後，角色交換，捕手可以成為其中一個投手，而其中一個投手變成當捕手，直到三個人都輪流當過捕手和投手。

投手們分享討論自己進入順勢而為的狀態是怎樣的感受。

目的：定義順勢而為的狀態。就算是「錯誤」也可以被順勢而為地運用。

增能練習 40

治療師要發展的狀態：順勢而為。

形式：兩人一組。

角色：一個捕手，一個投手。從條件一進入條件二時，角色互換。

練習方法：

條件一：在分組之前，團體領袖請所有學員講三到四個詞。然後分組，投手必須做一個催眠引導，是告訴捕手一個故事，同時包含那三到四個詞在故事裡。

條件二：團體領袖請學員講教室環境裡的一個物件名稱、一件衣物的名稱、一個聲音，以及一個情緒。學員們角色互換，新的投手做一個催眠引導，創造一個包含以上所提到的四個詞的故事。

變化題：與其把這些詞融入到故事裡，就只是很簡單地順勢而為運用他們來做一個催眠引導。

目的：投手分享討論他們如何發展順勢而為的狀態。

增能練習 41

（量身訂做與重新框架）

治療師要發展的狀態：順勢而為；量身定制；禮物包裝。

形式：兩人一組。

角色：一個捕手，一個投手。

練習方法：

捕手角色扮演一個簡單的情境壞習慣，如：咬指甲、懶惰或是暴飲暴食。投手的目標是「重新框架」這個壞習慣的某些面向，透過逐漸加入一個正向的弦外之音，透過指出某些正向價值，以及找到問題背後的正向意圖。

團體領袖從以下的捕手特質中選一些詞語，間歇性地改變這些特質。當捕手被賦予一個新的特質詞語，他必須把這個特質加入他所扮演的角色裡。投手也要跟著捕手的改變，適時調整重新框架，進而符合捕手所做的特質變化。

角色交換。新的捕手角色扮演自己擁有的一個問題。團體領袖從以下的清單上找一個禮物包裝方法給予投手指令。投手必須用團體領袖所指示的禮物包裝技巧來調整重新框架的給予。團體帶領人看情況改變禮物包裝技巧。

提醒：很緩慢地做這個練習。

捕手的特質：	投手的禮物包裝技巧：
責怪自己	趣聞軼事
退縮	隱喻
最懦弱	描述病症
冒險	催眠
最誇張	夢想預演

目的：投手分享討論，當需要透過量身訂做和禮物包裝來修正調整治療方法時，他體驗感受到什麼。

增能練習 42

（回音與策略化調整）

治療師要發展的狀態：策略化發展。順勢而為。

形式：五人一組。

角色：一個捕手，四個投手。

練習方法：

捕手在這個過程中要進入催眠狀態。捕手要保護自己。不要讓自己脆弱受傷。

一號投手開始作催眠引導，但只能說一到兩句話。接下來每個投手要調整一號投手所說的話，用來誘發他所被賦予的特定目標。二號投手稍微調整一號投手所說的話，二號投手的目標是放慢速度。三號投手調整一號投手的句子，目標是要增強捕手的舒服感受。四號投手調整一號投手的句子，目標是要捕手體驗到解離。然後，一號投手再次給予下一個句子，重複這個過程。這個練習的任務是盡可能細微地調整一開始的句子，同時還能誘發目標。

重點：每個投手在練習開始前，必須要盡量深入自己所被賦予的目標裡。

以下是一個例子：

一號投手：你可以聚焦在一個畫面，你可以在你眼睛後方看到這個畫面。

　　二號投手：你 ... 可以……聚焦……在……一個畫面……，你……可以……在……你眼睛……後方……看到……這個畫面。

　　三號投手：你可以舒服地享受聚焦，安全地感受一個畫面，在你眼睛後方。

　　四號投手：你可以意識上聚焦在你可以看到的畫面，同時你的無意識心智可以注意到這畫面如何好玩地變化著。

　　分享討論一下投手們所處的狀態。

　　在團體領袖的指令下，投手們輪流不同角色，因此每個人都能學習到如何提供調整的句子。

　　目的：提供最微小的調整和修正，進而誘發產生系統性的改變。

簡介：增能練習 43 ～ 50

　　以下的練習聚焦在治療師的身分角色上。在社交情境裡的靈活彈性可以對治療師很有幫助。口頭說說，告訴學生要保持靈活彈性很容易，但是要親身體驗做到不容易。要保持靈活彈性，隨機應變，經驗式練習是更有效的方法。更進一步，下一段落練習裡的角色也可以看成一種狀態。

增能練習 43

建議：在練習完成之後再發給學員講義

治療師要發展的狀態：對細節觀察的視覺敏銳力（類似於**增能練習**4）；改變治療師狀態的效果。

形式：兩人一組。

角色：一個投手，一個捕手。

練習方法：

投手和捕手面對面坐著。捕手進入一種觀察敏銳力狀態，好好看清楚並「牢記」投手所有外表細節。捕手閉上眼睛，持續保持在一種觀察敏銳的狀態裡。投手做三個外表的改變，如：重新整理一下衣服、把手錶拿掉等等。投手改變好了就叫捕手睜開眼睛，請捕手辨認出投手所做的改變。

在說明條件一和二之前，投手暫時離開房間，因此團體領袖可以提供指令，或者一個簡短的團體催眠引導。在兩個條件之後，學員們討論練習以及團體領袖在投手和捕手身上所提供的指令是否有幫助。

條件一：捕手用一種批評的眼光觀察投手。團體領袖可以做個小催眠，讓捕手進入批評者的角色裡。

條件二：捕手用一種關愛者的眼光觀察投手。團體領袖可以做

個小催眠，幫助捕手進入角色裡。

　　目的：捕手必須能夠講出，當聚焦到視覺細節時，那種體驗感受是什麼，譬如具體描述「敏銳度」狀態。學員們學習注意到，當投手做出改變時，所產生的影響是什麼。

增能練習 44

治療師要發展的狀態：靈活彈性；角色改變。

形式：兩人一組。

角色：一個投手，一個捕手。

練習方法：捕手閉上眼睛。投手做一個催眠引導，使捕手放鬆。在團體領袖的指令之下，投手持續作催眠引導，接下來，投手切換到銷售員的角色，銷售放鬆的想法給捕手。接下來，投手可以切換成擔心的家長、一個靈性導師、一位朋友、一個小孩等等。

目的：體驗到角色的變換。

增能練習 45

（回聲與角色改變）

建議：在練習完成之後再發給學員講義

治療師要發展的狀態：靈活彈性；角色改變。

形式：六人一組。

角色：五個投手，一個捕手。

練習方法：

為了幫助投手們，我們邀請捕手進入一個催眠狀態，但不是脆弱的。然後請捕手暫時離開房間，團體領袖給投手們任務指令。捕手回到房間。

一號投手開始做一個催眠引導，但只能說一或兩句話。接下來每個投手輪流重複第一個投手所說的話，但可以根據他們所賦予的任務角色做修改：二號投手進入一個好奇的狀態，從那個角色裡說一兩句話。三號投手進入一個放鬆狀態，重複催眠引導句子。四號投手進入一個熱情狀態，重複句子。五號投手進入一個創造力狀態，重複句子。

因為捕手不知道每個投手的狀態，投手們要致力於誘發捕手對於每個狀態變化的反應。

變化題：

1. 在幾回合之後，大家保持在指派的角色裡，投手選擇五個角色中其中任何一個狀態，從那個狀態作催眠引導。

2. 投手可以運用其他正向積極狀態來作催眠引導。

3. 投手可以用中性和負面的情緒狀態，如：厭倦的態度、完全沒興趣、煩躁不安、操弄惡作劇等等。

4. 開頭引導以及四個狀態：好奇、放鬆、熱情和創造力，分別寫在不同的紙上，放在投手們的椅子上。每一回合在開頭句之後，投手們移動到下一個位置，用不同的情緒狀態來溝通。

5. 用角色扮演一個問題取代輪流作催眠。無論一號投手做怎樣的治療方法，譬如，提一個問題，或是給一個反思，下一個投手要從他們的角色上回應。慢慢做。一號投手的治療方法必須簡短扼要。

　　目的：投手們學習他們的狀態如何影響溝通。同時也訓練角色靈活變換的能力。

增能練習 46

建議：在練習完成之後再發給學員講義

治療師要發展的狀態：靈活彈性。

形式：兩人一組。

角色：夥伴 A 是治療師；夥伴 B 角色扮演一個個案，想好一個簡單問題。團體領袖私下給個案一個指令。

練習方法：個案的目標是透過娛樂和搞笑的方式使治療師快樂。治療師很自然地保持「中立的狀態」，然後要抗拒個案的「催眠」。這個互動持續五到十分鐘。

變化題：

1. 個案想辦法提升治療師的自信心。

2. 個案試著「引誘」治療師進入個案的憂鬱裡。

目的：治療師保持自己的狀態；體驗到人際互動帶來的影響力。

增能練習 47

建議：在練習完成之後再發給學員講義

治療師要發展的狀態：靈活地轉換角色。

形式：兩人一組。

角色：一個投手，一個捕手。

練習方法：

投手透過以下五個角色之其中一個角色來溝通目標：

1. 「大好人」，總是滋養別人，提供愛，有很多接納。

2. 「警察」，有能力，可以保護人，設定規矩。

3. 「工程師」，或是技術人員，頭腦清楚分析，引導導向具體事實。

4. 「叛逆者」，是獨立自由的，詭計多端，嚮往靈性發展。

5. 「自由靈魂者」，頑皮的，參與在生活裡，直覺靈敏的，有創造力。

建議：在進入每個角色之前，首先進入一個身體動作可以代表那個角色。

投手提供一個催眠引導（或是放鬆練習）給捕手。在適當的時間裡，團體領袖給投手指令，切換角色。（如：切換到大好人的角色繼續作催眠）。

投手和捕手角色互換，重複這個練習。

在練習結束之後，討論一下彼此感受。哪個角色最容易？哪個角色最困難？討論一下在催眠過程中切換角色是什麼感受。

變化題：

1. 團體領袖給捕手指令，切換到不同的角色裡。（如：從叛逆者的角色來體驗催眠。）

2. 角色扮演治療師和個案的互動，然後直接角色互換。

3. 投手暗地裡設定自己的角色，然後逐漸將這個角色傳遞給捕手知道。

4. 投手用一個形容詞來描述自己，然後誇張地從那個形容詞的狀態裡傳遞催眠給捕手。

5. 在練習開始之前，團體領袖帶領所有學員做一個不同角色的視覺想像練習，幫助學員們更好地進入不同角色裡。

6. 當投手在做催眠時，逐漸誇張每個角色的特性。

目的：練習靈活彈性；為不同的治療師角色建立起「心錨」。

增能練習 48

建議：在練習完成之後再發給學員講義

治療師要發展的狀態：靈活地切換角色。

形式：三人一組。

角色：一個治療師；兩個個案角色扮演一對情侶，帶著一個親密關係問題來找治療師。

練習方法：

就如同**練習 47**，我們運用五個角色：

1. 「大好人」，總是滋養別人，提供愛，有很多接納。

2. 「警察」，有能力，可以保護人，設定規矩。

3. 「工程師」，或是技術人員，頭腦清楚分析，引導導向具體事實。

4. 「叛逆者」，是獨立自由的，詭計多端，嚮往靈性發展。

5. 「自由靈魂者」，頑皮的，參與在生活裡，直覺靈敏的，有創造力。

在練習的剛開始，治療師提供伴侶諮商。一小段時間後，團體領袖給予指令，切換不同角色。（如：從大好人的角色來做治療。）

練習結束後討論彼此的互動。哪個角色最容易？哪個角色最困

難？

學員們角色互換，重複這個練習。

變化題：

1. 在切換角色時，學員們首先擺出一個身體動作來代表新角色。

2. 治療師用一個形容詞來描述自己，從那個形容詞狀態誇張地做伴侶諮商。

3. 在練習開始之前，團體領袖帶領所有學員做一個不同角色的視覺想像練習，幫助學員們更好地進入不同角色裡。

目的：提升靈活彈性的能力。為不同的治療師狀態建立「心錨」。

增能練習 49

建議：在練習完成之後再發給學員講義

治療師要發展的狀態：靈活地切換角色。

形式：兩人一組。

角色：一個投手，一個捕手。

練習方法：

投手做一個催眠放鬆（或是視覺想像）。捕手進入催眠狀態。

投手在團體領導的指令下改變角色，逐漸增加催眠力道，並把以下角色的特色元素加入其中：

1. 有力量的

2. 喜歡探人隱私的

3. 充滿愛的

4. 壯烈犧牲的

5. 聖人般的

變化題：

1. 當改變角色時，投手可以先進入角色的身體姿勢動作裡，幫助投手更佳地投入角色裡。

2. 角色扮演治療師和個案的互動，然後投手依照上面的五個角色，切換角色。

3. 投手暗中選擇一個角色，在催眠引導過程中不動聲色地加強角色的特性和催眠力道。在練習結束後的討論裡，彼此分享一下對於那個特定角色的感受是什麼。

4. 投手只選擇一個角色，從頭到尾都扮演好那個角色，逐漸加強戲劇張力。

5. 投手和捕手都暗地裡各自選擇一個角色，各自扮演好自己角色，逐漸增強角色張力。

6. 捕手找一個假裝的問題，在團體領導的指令下，捕手逐一扮演以上五種角色。

目的：練習靈活彈性。對於不同的治療角色建立一個「心錨」。

增能練習 50

治療師要發展的狀態：靈活彈性。

形式：六人一組。

角色：一個捕手，五個投手。

練習方法：

五個投手依序給予以下不同角色：1. 目標設定者，2. 禮物包裝者，3. 量身訂做者，4. 過程執行者，5. 角色改變者。

量身訂做者簡短地訪問捕手，獲得一些訊息。量身訂做者問五、六個問題，例如瞭解捕手的興趣和嗜好。

投手們接著接龍遊戲般地輪流做催眠。目標設定者告訴其他人設定的目標建議是什麼，如：閉上眼睛，更深入催眠，手臂漂浮，催眠產生夢境，或是自信心的建立等等。每個投手要根據自己的角色圍繞著目標述說。禮物包裝者選擇一個方法來包裝傳遞目標，如：隱喻或是逸聞趣事。量身訂做者可以量身訂做那個方法來符合捕手的需求。過程執行者可以運用 SIFT 三步驟方法來進行整個過程。角色改變者可以從不同的狀態，如：好奇、興奮、深思熟慮、幽默等等狀態來進行量身訂做和禮物包裝方法，呈現給捕手聽。

變化題：在團體領袖的指令下，大家角色交換。

目的：投手們學習改變他們的方法，進入被指派的角色裡，變得更靈活彈性。

總結

經驗式增能培訓練習提供許多面向的訓練，用來幫助治療師成為一個艾瑞克森學派治療大師。儘管這些不同面向都是從模仿米爾頓‧艾瑞克森而得來的，這些練習可以增進任何學派的治療師狀態和能力。能力發展面向包括了：

- 成為經驗式的人
- 發展觀察敏銳能力
- 引導導向
- 成為策略思考的人
- 強化目標
- 運用多層次溝通
- 同頻共振
- 創造正向的歸因
- 讓順勢而為更加有效
- 量身訂做
- 禮物包裝
- 學習不同角色裡的靈活彈性

　　這些能力最好是透過親身體驗而學習到，而不是教條式教導。培訓發展具體能力的過程就像是運動員或演員發展他們的巔峰狀態（IPS）。為了涵蓋所有面向，我設計出增能練習。目的是希望治療師在不同的概念、狀態和身分認同領域上發展精進，因此這些能力成為身體記憶的一部分。治療師如果想在治療過程裡卓越非凡，鍛鍊這些專業能力就是最好的進步工具。

科學與藝術與時俱進地演化。在二十和二十一世紀，科學知識蓬勃發展。藝術的演進也變得不一樣了。例如電影在一九〇〇年代初期發明，現在電影的創新概念急速發展。以現今的標準來看，十年前的電影可能就像是外行人拍攝的一般。

　　心理治療也從精神分析的嬰兒時期不斷演化，但是演化的速度遠比藝術慢很多。在許多學派上有些進步，像是行為療法、人本療法、系統家庭療法、認知行為療法，以及情感神經學，但治療師的培訓主要還是教條式方法。根據專家研究（史考特・米勒〔Scott Miller〕，人際溝通專家），在過去四十年，對治療的全面分析顯示有效療癒數量並未增加。因此，我們可以假設治療的效果沒有明顯進步。這就是這本書的根本理論，當治療師進步成長，治療效果也隨之增加。治療關係是治療會有效的一個很重要因素，跟治療師技巧或是理論無關。要建立起穩固的治療關係，治療師可以聚焦在強化他們自身狀態上。

　　這本書提供一個切換潮流，與時俱進的典範：治療的重心可以放在概念上。治療的目標可以概念化。督導的培訓可以概念化。一個概念化的學派並不是新學派；它是可以用在任何治療學派上的精進工具。

　　概念化溝通很容易學習，我們可以倚重大量的藝術研究著作。概念化溝通可以用在生活的各個層面，無論你的溝通目的是要誘發一個情緒、概念或狀態。藝術的培訓方法可以派得上用場。

　　以下是十個「使它變成」項目，這些項目建構了這本書的基礎：

- 使它變成情感上參與。
- 使它變成視覺上很有趣。
- 使它產生獨特的情感共鳴。
- 使它精準。
- 使它成為按部就班。每一步驟都帶有策略目的。
- 使它濃縮；強化訊息傳遞。
- 使它變成模糊的，刺激產生深刻體驗，推動改變的發生；運用言外之意（話中有話）；引導導向。
- 使它變成概念化。
- 使它用一種獨特方式誘發最佳狀態。
- 使它成為親身體驗。

　　治療師和個案之間的對話是獨一無二的。當一個人全然無私地專注在另一個人身上，這是不尋常的。為了促進改變，治療必須獨一無二。佛洛伊德請個案躺在沙發上，面對天花板說話。他的治療方法是一種不尋常的對話。佛洛伊德是第一個經驗式治療師。我們可以將他的願景進一步發揚光大。

　　一個不斷演化進步的個人是一種稀世之寶。經驗式培訓可以用來洗濯磨淬這個珍寶，經過千錘百鍊，最終可以大放異彩，登峰造極，超凡入聖。

致謝

有許多人幫忙我才得以完成這本書。言語難以表達我對你們的感激。更進一步，我也要感謝過去三十五年來參與我工作坊的許多學生，你們大大地啟發我的思考和治療方法。

米爾頓艾瑞克森基金會的同事們孜孜不倦地致力於完成任務。感謝所有基金會員工：馬修·布拉曼（Matthew Braman）、凱倫·海莉（Karen Haviley）、弗雷德·黃（Fred Huang）、克莉斯丁娜·欽（Christina Khin）、錢德拉·萊金（Chandra Lakin）、恰克·萊金（Chuck Lakin）、馬妮·麥甘（Marnie McGann）、史黛西·摩爾（Stacey Moore）、特雷莎·斯特拉頓（Teresa Stratton）以及凱莉·瓦卡羅（Kayleigh Vaccaro）。作為市場營銷和出版業務的主任，恰克·萊金（Chuck Lakin）是基金會成功不可或缺的大功臣。

也要感謝許多人對於這本書編輯的貢獻，包括，馬妮·麥甘（Marnie McGann）、蘇西·塔克（Suzi Tucker）、妮可·薩德（Nicole Zeig）、蘿莉·蒂魯卡（Lori Deluca）、瓊·妮紅（Joan Neehall）以及南西·布蘭德（Nancy Brandl）。

艾瑞克森的家庭成員向來是艾瑞克森基金會的忠誠堅貞支持者。我要特別感謝克里斯丁娜·艾瑞克森（Kristina Erickson），以及洛克薩妮·艾瑞克森（Roxanna Erickson-Klein）這些年來的支持。

延伸閱讀

- 《喚醒式治療：催眠・隱喻・順勢而為》（2020），傑弗瑞・薩德（Jeffrey・K. Zeig），心靈工坊。
- 《經驗式治療藝術：從艾瑞克森催眠療法談起》（2019），傑弗瑞・薩德（Jeffrey・K. Zeig），心靈工坊。
- 《我們之間：薩提爾模式婚姻伴侶治療》（2019），成蒂，心靈工坊。
- 《當我遇見一個人：薩提爾精選集 1963-1983》（2019），約翰・貝曼（John Banmen）編，心靈工坊。
- 《短期團體心理治療：此時此地與人際互動的應用》（2018），歐文・亞隆（Irvin D. Yalom），心靈工坊。
- 《催眠之聲伴隨你》（2016），米爾頓・艾瑞克森（Milton H. Erickson）、史德奈・羅森（Sidney Rosen），生命潛能。
- 《生生不息催眠聖經：創造性流動的體驗之旅》（2015），史蒂芬・紀立根（Stephen Gilligan），世茂。
- 《不尋常的治療：催眠大師米爾頓・艾瑞克森的策略療法》（2012），傑・海利（Jay Haley），心靈工坊。
- 《讓潛意識說話：催眠治療入門》（2014），趙家琛、張忠勛，心靈工坊。
- 《催眠治療實務手冊》（2014），蔡東杰，心靈工坊。

- 《成為一個人：一個治療者對心理治療的觀點》（2014），卡爾·羅哲斯（Carl Rogers），左岸文化。

- 《愛與生存的勇氣：自我關係療法的詮釋與運用》（2005），史蒂芬·吉利根（Stephen Gilligan），生命潛能。

- 《說謊：揭穿商場、政治、婚姻的騙局》（2005），保羅·艾克曼（Paul Ekman），心靈工坊。

- 《心理學家的面相術：解讀情緒的密碼》（2004），保羅·艾克曼（Paul Ekman），心靈工坊。

- 《艾瑞克森：天生的催眠大師》（2004），傑弗瑞·薩德（Jeffrey K. Zeig），心靈工坊。

- 《跟大師學催眠：米爾頓·艾瑞克森治療實錄》（2004），傑弗瑞·薩德（Jeffrey K. Zeig），心靈工坊。

- 《天生反骨：家庭內的演化戰爭》（1998），法蘭克·薩洛威（Frank Sulloway），平安文化。

參考文獻

Berne E. (1972). *What do you say after you say hello? The psychology of human destiny.* New York, NY: Grover Press.

Ekman P. (2006). *Telling lies: clues to deceit in the marketplace, politics, and marriage.* New York, NY: Norton.

Erickson, M. H., & Erickson, E. M. (2008a). The confusion technique in hypnosis. In E.L. Rossi, R. Erickson-Klein, & K.L. Rossi (Eds.), *The collected works of Milton H. Erickson, M.D.: Advanced approached to therapeutic hypnosis (p. 5.),* Vol. 4. Phoenix, AZ: The Milton H. Erickson Foundation Press.

Erickson, M. H., & Erickson, E. M. (2008b). Interspersal hypnotic technique for symptom correction and pain control. In E.L. Rossi, R. Erickson-Klein, & K.L. Rossi (Eds.), *The collected works of Milton H. Erickson, M.D.: Advanced approached to therapeutic hypnosis* (Vol. 4, p. 105). Phoenix, AZ: The Milton H. Erickson Foundation Press.

Gresham, W. L. (1946). *Nightmare alley.* New York, NY: Rinehart & Company.

Haley, J. (1973). *Uncommon therapy: The psychiatric techniques of Milton H. Erickson, M.D.* New York, NY: Norton.

Johnston, K. (1987). *Impro: Improvisation and the theatre.* New York, NY:

Routledge.

Pines, A. M. (2002). A psychoanalytic-experiential approach to burn- out. In *psychotherapy: theory, research, practice, training*. Washington, D.C.: American Psychological Association.

Spolin, V. (1963). *Improvisation for the theater: A handbook of teaching and directing techniques.* Evanston, IL: Northwestern University Press.

Sulloway, F. J. (1996). *Born to rebel: Birth order, family dynamics, and creative lives.* New York: Pantheon.

Zeig, J.K. (1980). *A teaching seminar with Milton H. Erickson.* New York, NY: Brunner Mazel.

Zeig, J.K. (1985). *Experiencing Erickson.* New York, NY: Brunner Mazel.

Zeig, J.K. (1987). The evolution of psychotherapy--fundamental issues. In J.K. Zeig (Ed.) In *The evolution of psychotherapy.* New York, NY: Brunner Mazel.

Zeig, J.K. (2006). *Confluence: The selected papers of Jeffrey K. Zeig* (Vol. 1). Phoenix, AZ: Zeig, Tucker & Theisen, Inc.

Zeig, J.K. (2014). *The induction of hypnosis: An Ericksonian elicitation approach.* Phoenix, AZ: The Milton H. Erickson Foundation Press.

PsychoTherapy 055

助人者練心術：自我提升的60個增能練習
Psychoaerobics: An Experiential Method to Empower Therapist Excellence

傑弗瑞·薩德（Jeffrey K. Zeig, PhD）——著
洪偉凱——譯

出版者—心靈工坊文化事業股份有限公司
發行人—王浩威　總編輯—王桂花
執行編輯—趙士尊　封面設計—羅文岑
內頁排版—龍虎電腦排版股份有限公司
通訊地址—10684台北市大安區信義路四段53巷8號2樓
郵政劃撥—19546215　戶名—心靈工坊文化事業股份有限公司
電話—02）2702-9186　傳真—02）2702-9286
Email—service@psygarden.com.tw　網址—www.psygarden.com.tw

製版·印刷—彩峰造藝股份有限公司
總經銷—大和書報圖書股份有限公司
電話—02）8990-2588　傳真—02）2990-1658
通訊地址—248新北市新莊區五工五路二號
初版一刷—2021年5月　ISBN—978-986-357-212-1　定價—420元

【The Empowering Experiential Therapy Series】
Psychoaerobics: An Experiential Method to Empower Therapist Excellence
Copyright ©2015 by Jeffrey K. Zeig
Published by Milton H. Erickson Foundation Press
Complex Chinese Translation Copyright © 2021 by PsyGarden Publishing Co.
ALL RIGHTS RESERVED

國家圖書館出版品預行編目資料

助人者練心術：自我提升的60個增能練習/傑弗瑞.薩德(Jeffrey K. Zeig)著；
洪偉凱譯. -- 初版. -- 臺北市：心靈工坊文化事業股份有限公司, 2021.05
面；　公分
譯自：Psychoaerobics : an experiential method to empower therapist excellence
ISBN 978-986-357-212-1(平裝)

1.心理治療　2.臨床心理學　3.催眠療法

178.8　　　　　　　　　　　　　　　　　　　　　　110006956

感謝您購買心靈工坊的叢書，為了加強對您的服務，請您詳填本卡，
直接投入郵筒（免貼郵票）或傳真，我們會珍視您的意見，
並提供您最新的活動訊息，共同以書會友，追求身心靈的創意與成長。

書系編號— PsychoTherapy 055　　**書名**—助人者練心術：自我提升的60個增能練習

姓名　　　　　　　　　　　　　　是否已加入書香家族？ □是 □現在加入

電話 (O)　　　　　　(H)　　　　　　手機

E-mail　　　　　生日　　年　　月　　日

地址 □□□

服務機構　　　　　　　職稱

您的性別—□1.女 □2.男 □3.其他

婚姻狀況—□1.未婚 □2.已婚 □3.離婚 □4.不婚 □5.同志 □6.喪偶 □7.分居

請問您如何得知這本書？
□1.書店 □2.報章雜誌 □3.廣播電視 □4.親友推介 □5.心靈工坊書訊
□6.廣告DM □7.心靈工坊網站 □8.其他網路媒體 □9.其他

您購買本書的方式？
□1.書店 □2.劃撥郵購 □3.團體訂購 □4.網路訂購 □5.其他

您對本書的意見？
□ 封面設計　　1.須再改進 2.尚可 3.滿意 4.非常滿意
□ 版面編排　　1.須再改進 2.尚可 3.滿意 4.非常滿意
□ 內容　　　　1.須再改進 2.尚可 3.滿意 4.非常滿意
□ 文筆／翻譯　1.須再改進 2.尚可 3.滿意 4.非常滿意
□ 價格　　　　1.須再改進 2.尚可 3.滿意 4.非常滿意

您對我們有何建議？

□本人同意　　　　　　（請簽名）提供（真實姓名/E-mail/地址/電話/年齡/
等資料），以作為心靈工坊（聯絡/寄貨/加入會員/行銷/會員折扣/等之用，
詳細內容請參閱http://shop.psygarden.com.tw/member_register.asp。

心靈工坊
PsyGarden

10684台北市信義路四段53巷8號2樓
讀者服務組　收

免　貼　郵　票

（對折線）

加入心靈工坊書香家族會員
共享知識的盛宴，成長的喜悅

請寄回這張回函卡（免貼郵票），
您就成為心靈工坊的書香家族會員，您將可以──

⊙隨時收到新書出版和活動訊息

⊙獲得各項回饋和優惠方案